JÜRGEN WOLF

DAS KLEINE BUCH
DER FANTASIEREISEN

JÜRGEN WOLF

DAS KLEINE BUCH
DER FANTASIEREISEN

Magische Orte
der inneren Wahrnehmungen

Bibliografische Information der Deutschen Nationalbibliothek:
Die Deutsche Nationalbibliothek verzeichnet diese Publikation in der Deutschen Nationalbibliografie; detaillierte bibliografische Daten sind im Internet über http://dnb.dnb.de abrufbar.

© 2022, Jürgen Wolf

Fotos: Pixabay, Jürgen Wolf

Herstellung und Verlag: BoD – Books on Demand, Norderstedt

ISBN: 978-375-578-4395

Inhaltsverzeichnis

Zur Beachtung für den Leser

Mag es vielleicht auch den Anschein haben,
einige der Satzstrukturen in diesem Buch seien
grammatikalisch nicht korrekt, so wurden sie
doch mit voller Absicht so geschrieben, denn
hypnotische Fantasiereisen folgen nicht
denselben Strukturregeln wie die Grammatik.

„Schließe deine Augen

um zu sehen"

- Paul Gauguin -

Vorwort

Fantasiereisen sind magische und anregende Geschichten zum Träumen und Entspannen. In angenehmer Weise laden sie ein, die eigene Achtsamkeit und Konzentration nach innen zu lenken und sich auf den Flügeln der Fantasie auf eine „kleine Reise" zu begeben. Diese sollen Kraft spenden und zu positiven Gedanken und Gefühlen verhelfen. Dabei ist unbewusst eine Selbstreflexion der momentanen Lebenssituation möglich.

Die Grenzen zwischen Bewusstsein und Unterbewusstsein verschwimmen, so dass Körper, Geist und Seele sich generieren können. Ballast wird abgeworfen und eine Neuausrichtung der Glaubensmuster wird unterstützt. Das Besondere an diesen Reisen ist, dass sie unmittelbar wirken, ohne dass man langwierige Vorbereitungen treffen muss.

In Gedanken folgt man den Geschichten, in denen viele positive Sinneseindrücke eingearbeitet sind. Vor dem inneren Auge entstehen Bilder oder Filme. Jede Fantasiereise ist eine Reise ins eigene Ich. Es sind Geschichten und Metaphern vorhanden, in welcher der Leser oder Zuhörer (wenn sie vorgelesen werden), auf irgendeine Art Situationen bewältigt, sich selbst erkennt und Lösungen findet.

Das Unterbewusstsein überprüft alle Informationen und Inhalte auf Ähnlichkeiten mit eigenen Erfahrungen und geben den Botschaften einen individuellen Sinn.

Tipps zur Durchführung:

Fantasiereisen benötigen geeignete Rahmenbedingungen, um die Wirkung optimal zu entfalten. Gestalten Sie die Atmosphäre und Energien im Raum positiv. Nutzen Sie die Möglichkeit von entspannender Musik im Hintergrund, Duftöl, gedämpftes Licht und natürlich Kerzen. Beseitigen Sie alle Geräuschquellen. Nehmen Sie sich Zeit und sorgen dafür, dass sie nicht gestört werden. Nehmen Sie eine weiche Unterlage und evtl. ein Kissen unter dem Kopf.

Geschichten selbst lesen

Wenn Sie die Geschichte lesen, achten sie darauf, dass sie hinter jedem Komma und hinter jedem Punkt eine kleine Pause machen. So haben sie die Möglichkeit, Bilder entstehen zu lassen, Fragen zu beantworten, welche evtl. „hervorkommen" und intensiver in die Erzählung einzutauchen.Nach der Reise sollten Sie sich aufschreiben, was sie erlebt haben, welche Botschaften und Lösungen sie erkannt haben.

Die Reise selbst erleben

Lesen Sie die Geschichte wie gerade beschrieben und legen Sie dann das Buch zur Seite. Machen Sie es sich gemütlich (siehe Tipps zur Durchführung) und erleben mental diese Geschichte. Werden Sie zum eigenen Coach.

Vorlesen lassen

Auch hier sollten Sie die Tipps zur Durchführung anwenden. Der, die Sprecher*in sollte mit natürlicher Stimme immer wieder Pausen nach Absätzen, Kommas und Punkten machen. Eine ruhige Erzählerstimme für den Empfänger entspannt durch die Fantasiereise.

Einleitungs- und Entspannungsphase.

Vor jeder Reise sollte die o.g. Phasen genutzt werden. Beispiel:

„Schließe die Augen und lockere deine Muskeln. Wenn deine Augen jetzt oder in wenigen Augenblicken geschlossen sind, wirst du bemerken, dass deine anderen Sinne Stärker werden. Nimm ganz bewusst die Geräusche um dich wahr. Versuche nun die Stille wahrzunehmen; diese Stille, die immer vorhanden ist, aber oft im Alltag verdeckt wird. Lass die Stille in deinen Körper einkehren und sich langsam ausbreiten. Genieße ein tiefes Gefühl des Friedens, der Ausgeglichenheit und der Entspannung in dir. Lass dich in aller Ruhe auf diese Fantasiereise ein und habe viel Freude dabei.

Rückholphase

Beispiel:

Komme mit deiner Fantasie wieder hier in den Raum zurück. Nimm ganz bewusst deinen Körper wahr, wie er auf (...dem Boden, oder der Couch, je nachdem) aufliegt.

Du bist erfüllt mit Ruhe und Frieden. Konzentriere dich jetzt auf die kleinen Geräusche um dich herum und auf die Musik. Lasse dich durch diese Geräusche sanft und sicher aufwecken. Stelle dir vor, wie die Stille sich aus deinem Körper zurückzieht und deiner Aktivität Platz macht. Beobachte diesen Vorgang, bis du dich wieder wach und vital fühlst und dich aufsetzt.

Keine Therapie

Die hypnotischen Fantasiereisen in diesem Buch sollten nicht als Therapieersatz gesehen werden. Sollten Sie stark an Gefühlen und Gedanken durch Symptome von Störungen (z.B. Depressionen, Ängsten, usw) beeinträchtigt werden, wenden Sie sich bitte an einen Psychotherapeuten oder Psychologen.

Das magische Filmtheater

In dem Tempel der Weisheit lebte schon viele Jahre ein Mädchen nach besonderen Regeln. Sie sollte bei ihrem Aufenthalt lernen sich weiterzuentwickeln. So war es ihr erlaubt, bis sie genug gelernt hatte, bestimmte Bereiche des Tempels zu betreten, bestimmte Bücher zu lesen und bestimmte Übungen zu tun. Anderes war ihr jedoch verboten. Obwohl das Mädchen und ihre Freunde und Freundinnen viele der Gründe für diese Regeln kannten, hatten sie natürlich in ihrer Fantasie begonnen allerlei Geschichten über bestimmte Räume und Zauberer zu erzählen. Auch über besondere Genüsse und Schreckgespenster, so dass schon bald manche verbotene Tür, an der sie vorbeiging, Schauer auslösten.

Dieses Gefühl kroch ihr über den Rücken und und manchmal kam sogar etwas Angst dazu. Vor allem ängstlich waren sie über die Räume tief im Keller, über welche die Mädchen kaum etwas wussten. Es waren für sie Orte des höchsten Schreckens, bei deren bloße Erwähnung sie alle näher zusammenrückten. So schauten sie älteren Zauberer und Magier, von denen sie wussten, dass sie solche Räume hin und wieder betreten mit rätselnden Augen genau an. Obwohl sie natürlich neugierig waren auf die Geheimnisse dieser Welt, vertrauten sie doch den Worten der Weisen unter ihnen. Sie sagten: „Dein Leben ist ein andauernder Lernprozess, indem du immer genau das lernst, für was du bereit bist. Und du kannst dich überraschen lassen, während du vielleicht geduldig wartest und bemerkst, dass du bereit bist etwas neu zu lernen".

Als die Zeit für einen wichtigen Übergang herangereift war, verfiel das Mädchen in einen sonderbaren tiefen Schlaf. In ihren Träumen bemerkt sie plötzlich, wie sie in der Ecke ihres Zimmers mit einem ganz anderen Gefühl erwacht. Als sie sich umschaute sah sie ihren schlafenden Körper immer noch im Bett liegen. Und es schien wie fast selbstverständlich sich selbst zu beobachten, die ruhigen tiefen Atemzüge zu hören, die entspannte Haltung, die feinen Gesichtszüge, tiefes Verstehen und das Wiedererkennen ihrer selbst. Da bemerkt sie, wie ihr Lieblingszauberer und Lehrer das Zimmer betrat und das Mädchen sanft weckte. Er sprach zu ihr: „Es ist nun an der Zeit für dich, den nächsten Schritt in deiner Entwicklung zu tun. Ich bin gekommen, um dich zu begleiten und um dir zu helfen".

Als der beobachtende Teil sah, wie der Zauberlehrer den Körper des Mädchen aus dem Zimmer geleitet, entschließt sie sich nach kurzem Zögern, voller Erwartung den beiden zu folgen, um die Erlebnisse ihres Körpers von dieser besonderen Position aus zu beobachten. Schon bald gelangen sie an eine Tür mit der Inschrift „Das magische Filmtheater". Und während ihr Führer sie lächelnd aufforderte ihm durch diese Tür zu folgen, weiß sie auf ihre eigene Art und Weise, das sie jetzt etwas lernen wird und wichtige neue Möglichkeiten erfährt, mit sich selbst und ihrer Umwelt noch besser umzugehen.

Überrascht stellte das Mädchen fest, dass sie sich in einem Vorführraum eines Filmtheaters befinden. Der Zauberer spricht zu ihr: „Du wirst nun anfangen, eine Meisterin des Sehens zu werden. Ich zeige dir einige Möglichkeiten dieses Filmtheaters. Und von nun an wirst du, wann immer das für dich hilfreich und wichtig ist, diese Möglichkeiten mit deiner ganzen Sorgfalt und Aufmerksamkeit benutzen und weiteres selber entdecken". Nachdem das Mädchen sich in dem Sessel bequem zurücklehnte, wurde sie aufgefordert, sich an ein bestimmtes Bild zu erinnern. Und in diesem Augenblick, als sie an die schrecklichste aller Kellertüren denkt, erscheint ein schwarz-weißes Bild von ihr selbst vor dieser Tür stehend auf der Leinwand. Und sie nimmt dieses Bild von sich selbst mit dem sicherem Abstand und dem Weisen an ihrer Seite, irgendwie anders und neu wahr. Nun beginnt ihr Zauberlehrer ihr Schritt für Schritt die Funktion der vielen Schalter in diesem Raum zu erklären und fordert sie auf, einen nach dem anderen auszuprobieren, um so mehr und mehr zum Regisseur ihrer eigenen Bilder zu werden.

Sie beginnt mit der Bedienung der Vorhänge vor der Leinwand, die sich nach oben oder zur Seite hin öffnen und schließen lassen. Als das Mädchen das ausprobierte lässt sie das Bild wieder verschwinden, wie sie es will. Und während sie den Erläuterungen über die Zeit lauscht, erzeugt sie ein neues Bild von sich selbst. Diesmal schon einige Schritte hinter der Tür und dann wieder zurück zu dem alten, veränderten Bild und davon ausgehend noch weiter zurück. Einzelne Bilder aus Ihrer Vergangenheit erscheinen jetzt irgendwie zusammenhängend. Mit jedem neuen Bild erhält sie neue bedeutsame Informationen über sich selbst und ihr Leben. Während sie sich so allmählich verändert, bemerkt sie wie überrascht sie ist, dieses Filmtheater und seine Möglichkeiten auszuschöpfen und wie angenehm es ist, solche Veränderungen in sich wahr zu nehmen. Wie sie es geniest, von hier aus viele Dinge aus ihrem Leben, auf neue Art und Weise zu sehen und zu hören.

Wie gereinigt, durch das was sie hier lernt wählt das Mädchen voll neuen Mutes eine weitere, vielleicht noch unangenehmere Situation aus ihrem Leben, welche nun einen neuen Platz einnehmen will. Als sie die warme angenehme Hand des Zauberlehrers auf ihrer Schulter spürt, sieht sie sich selbst, auch in dieser Situation vorne auf der Leinwand. Sie verändert den Film ihrer Erfahrungen nach und den Vorschlägen und Erläuterungen des Weisen so, wie es ihr jetzt angemessen ist. So erfährt sie noch viel Neues von sich selbst und ihrer Umwelt, indem sie Schritt für Schritt verschiedene Sichtweisen ausprobiert. Spielerisch verändert sie zuerst voll geballter Aufmerksamkeit und Sorgfalt die Schärfe der Bilder und lässt alles auf der Leinwand. Manchmal lässt sie auch nur wenige Einzelheiten verschwimmen oder so deutlich werden, das selbst kleinste Details sichtbar werden. Sie bedient den Schalter für den Kontrast, mischt Farben hinein oder nimmt sie wieder weg. Macht aus kleinen Bildern große und aus großen kleine. Entfernt die Bilder von sich und lässt sie wieder näher kommen, bewegt oder unbewegt. Sie gestaltet verschiedene Rahmen um ihre Erinnerungen, oder füllt ihr ganzes Blickfeld im Bild aus.

Während sie ihre neuen Erfahrungen nutzt und viele Betrachtungsweisen versucht, erlebt sie bewusst und unbewusst die Veränderungen, die für sie bedeutend sind und begegnet den verschiedenen Arten des Sehens, die für sie in bestimmten Situation besonders sinnvoll und angenehm sind. Dann beginnt sie auch mit den Tönen zu experimentieren. Dabei macht sie die Geräusche erst laut und dann leise. Sie erzeugt Rhythmen und Melodien verschiedenster Art und lässt die Töne durch Lautsprecher rechts oder links, am Boden oder an der Decke erklingen, so, wie es auch verschiedene Leinwände in allen Teilen des Vorführraums gibt. Bei jeder Veränderung ihrer Wahrnehmungen lernt sie natürlich etwas Wichtiges und Neues. Und sie bekommt viele Ideen darüber, wann und wie sie dieses Filmtheater in sich wieder benutzen wird, um sich in ihrer eigenen Art und ihrem eigenen Tempo weiter zu entwickeln.

Nachdem genügend Zeit verstrichen ist, wendet sich der Zauberlehrer mit einem strahlenden Lächeln an das Mädchen, beglückwünscht sie zu ihrem Fortschritt und geleitet sie zurück zu ihrem Zimmer. Und mit jedem Schritt zurück fühlt das Mädchen sich etwas freier und lebendiger. Sie fühlt, wie erfrischt sie ihre Energien wahrnimmt und wie sie befreit von alten Mustern ist. Sie spürt in sich das Verlangen, kreative und neue Betätigungsfelder zu suchen. Wieder im Zimmer angekommen, kehrte sie ganz von selbst zurück in ihren eigenen Körper um ihre besonderen Erfahrungen zu teilen. Nach tiefem Schlaf erwacht sie noch etwas unsicher darüber, was in dieser Nacht geschehen sei.

Doch als ihre Freunde und Freundinnen sie begrüßten und sie das neue Gewand, das Zeichen der Weiterentwicklung in ihren Händen erblickte, während sie die freudigen und aufgeregten Stimmen ihrer Freunde und Freundinnen hörte, wusste sie, dass sie wirklich etwas wichtiges erlebt hatte. Noch während ihre Aufmerksamkeit gefesselt war, vom besonderen Duft ihres neuen Gewandes, diesem anderen Gefühl auf der Haut, hörte sie eine Stimme: „Jetzt weißt du sicher, dass du tief in dir selbst, neue Gefühle, neue Gedanken und Verhaltensweisen entdeckt hast". Und sie feierten alle die glücklichen Ereignisse.

Möglichkeiten:

Das momentane oder vergangene Leben aus verschiedenen Blickwinkeln betrachten. Bestimmte Situationen neu einstellen. Etwas schärfer hervorheben (Positives) oder weniger Gutes unschärfer gestalten.

Das Boot der Lösungen

Der junge Mann sieht das kunstvoll bemalte rot-weiße Boot schon von weitem am Ufer liegen. Die Reisenden steigen bereits ein und er muss sich beeilen, was mit seinem schweren Rucksack gar nicht so einfach ist. Doch schließlich macht er die letzten Schritte auf dem Weg und tritt auf die Bootsplanken. Da der Himmel bewölkt ist, wird ihm ein Platz im überdachten hinteren Teil des Bootes zugewiesen. Er verstaut seinen Rucksack und lässt sich in den angenehmen, weichen Sitz sinken. Halb liegend, wie auch seine Mitreisenden. Mit einem tiefen Atemzug entspannt er seine Glieder und genießt den warmen sanften Wind, der ihm ins Gesicht streicht. Der frische Geruch der hölzernen Schiffsplanken steigt ihm in die Nase. Es erklingt ein Gong und das Boot legt ab.

Da denkt er wieder an die Aufgabe, die ihm gestellt wurde und deren Lösung er am Ziel seiner Reise dem Ältestenrat vortragen soll. Schon lange vor seiner Reise hat er sich intensiv mit dieser Aufgabe beschäftigt. Er hat viele Informationen zusammengetragen und einige zufriedenstellende Zwischenlösungen gefunden. Aber es war wie bei einem Puzzle. Um ein ganzes Bild daraus zu machen, muss er die Teile auf die richtige Art und Weise zusammenfügen.

Er macht es sich in seinem Sitz so richtig gemütlich, atmet tief durch und sagt sich: „Ich bin zwar mit diesem Problem schon weit gekommen, aber jetzt brauche ich eine neue Inspiration. Am besten mache ich erst mal eine Pause und schalte ab. Das hat mir doch schon öfter geholfen, um auf neue Ideen zu kommen". Er rutscht noch tiefer in seinen Sitz und lauscht dem gleichmäßigen Plätschern des Wassers. Das sanfte Schaukeln des großen Bootes beruhigt ihn und er lässt seinen Blick nach draußen schweifen. Hügel, Bäume und Wiesen ziehen an ihm vorbei. Ebenso bewachsenes Ufer in den unterschiedlichsten grünen Tönen.

Allmählich entspannen sich seine Augen. Das Boot wird schneller und die Farben verschwimmen ineinander. Er genießt das Vorbeiziehen der unterschiedlichen Schattierungen. Die Landschaft verändert sich langsam und wird karger. Wenig abgehärtete Pflanzen gedeihen in dem trockenen Boden und werden geschüttelt vom Wind.

Die Einzelheiten werden für das Auge des jungen Mannes immer undeutlicher. Nach einer Weile bleibt sein Blick an einem bestimmten Grünton hängen, der ihn an eine Wiese erinnert. Die Wiese, über die er als Junge immer zu seinem Großvater gelaufen ist. Er lächelt bei dieser Erinnerung. Seinen Großvater liebte er sehr, weil er ihm immer auf eine besondere Art und Weise ermutigte, wenn eine Aufgabe vor ihm lag. Plötzlich hört er wieder seine tief klingende Stimme: „Erinnere dich an etwas, das dir gut gelungen ist. Wie hast du das getan – wie hast du dich da gefühlt?" Er ließ ihm etwas Zeit, sich in vergangene

Situationen hineinzuversetzen. Dann fügte er hinzu: „Jetzt weißt du, dass du auch diese Aufgabe lösen wirst. Bleibe nur dabei und lass nicht locker." Die Stimme verklingt in seinem Hinterkopf und ein tröstliches, zuversichtliches Gefühl breitet sich in ihm aus. Sein Großvater hatte meist Recht behalten.

Als das Boot jetzt langsam ans Ufer gleitet, um weitere Reisende aufzunehmen, nimmt die Umgebung wieder feste Umrisse an. Hier ist es grüner und bewachsener und hier und dort sieht er sogar Blüten an einem Strauch. Auch der Himmel hat sich etwas aufgeklärt. Der Reisende bemerkt, wie entspannt sich sein Körper anfühlt und wie leicht sein Kopf geworden ist. Er vertritt sich ein bisschen die Beine, reckt und streckt sich und genießt die frische Luft.

Als das Boot wieder ablegt und er zurückgekehrt ist, merkt der junge Mann, dass er durch die Erinnerung an die Worte seines Großvaters ein wenig Abstand von seiner Aufgabe gewonnen hat. Ihm ist, als hätte sich sein Blickwinkel erweitert. Es gibt ihm die Möglichkeit, die Aufgabe und die Lösungen umfassender zu betrachten. Aus dieser Perspektive sieht er, wie er das Puzzle so zusammenfügen kann, dass ein ganzes harmonisches Bild entsteht. Dann fährt das Boot wieder schneller. Das sanfte Schaukeln entspannt ihn. Er schließt die Augen und beginnt vor seinem inneren Auge die verschiedenen Möglichkeiten durchzuspielen, die sich aus der neuen Sichtweise ergeben. Er kleidet seine inneren Bilder in Farben und Formen und gibt seiner inneren Stimme Raum und Klang. Eine Art Film entsteht, in dem er den Verlauf der Lösungen gestalten kann.

Manchmal hält er den Film an und schaut sich ein Bild ganz genau an. Bei einigen Bildern spürt er ein sonderbares Gefühl in seinem Körper. Diese Bilder nimmt er dann einfach heraus und ersetzt sie durch andere. Wenn er sich wieder wohlfühlt, lässt er die Bilder weiterlaufen und hört den Ton dazu. Den Ton stimmt er mit den Bildern ab und er spürt, wie sich sein Horizont und dadurch neue Perspektiven erweitern. Sein Verständnis vertieft sich immer mehr. Der Film wird immer vielfältiger und stimmiger. Die Details fügen sich müheloser und harmonischer zusammen. Und als der Film plötzlich anhält und keine neuen Bilder oder Stimmen mehr dazukommen, da weiß er, dass er fertig ist.

Er öffnet seine Augen, schaut sich um und nimmt die blau schimmernden Berge in der Ferne wahr, davor das saftige grüne Gras. Hier wachsen wieder viele Bäume, Sträucher und Blumen in unterschiedlichen Farben. Er nimmt etwas Papier aus seinem Rucksack und macht sich Notizen. Entspannt schreibt er sich alles auf, was ihm eingefallen ist. Und da hält das Boot auch schon wieder an.

Diesmal haben sie eine längere Pause. Die Reisenden steigen aus und nehmen Erfrischungen zu sich. Als der junge Mann den festen Boden unter seinen Füßen spürt, fühlt er sich leicht und gelöst. Er macht einen kleinen Spaziergang und hört die Vögel fröhlich singen. Jetzt weiß er, dass er seine Aufgaben fast gelöst hat. Langsam schlendert er zum Boot zurück und sieht, dass weitere Reisende an Bord gekommen sind. Das Boot ist jetzt gut besetzt. Der Bootsführer schaut zufrieden in die Runde.

Als die Fahrt weitergeht, sieht er sich seine Notizen noch einmal mit kritischen Blick an. Er ändert hier und dort noch etwas, bis er das sichere Gefühl hat, das die Lösung komplett ist. Dann verstaut er seine Blätter im Rucksack und kümmert sich nicht mehr darum. Er macht es sich in seinem Sitz gemütlich, lässt seine Augen freundlich über seine Mitfahrer schweifen.

Mit einem tiefen Atemzug schließt er wieder seine Augen und fängt langsam an, sich genau auszumalen, wie er die Lösungen dem Ältestenrat vortragen will. Vor seinem inneren Auge sieht er an sich herunter. Er betrachtet seine Kleidung, die Farben und die Form seiner Schuhe. Er nimmt seine Körperhaltung wahr, sieht seine Frisur und dann seinen Gesichtsausdruck.

Entspannt und aufrecht stellt er sich hin und registriert, wie ihn seine Zuhörer interessiert und wohlwollend anschauen. Dann beginnt er zu sprechen. Seine Stimme hört sich am Anfang noch leise und unsicher an. Dann atmet er tief durch und lässt sie voller klingen. Als sie zu laut wirkt, stellt er sie einfach etwas leiser. Jetzt spürt er, wie seine Stimme angenehm und vibrierend in seinem ganzen Körper klingt. In ihm breitet sich ein vitales Gefühl aus. Jetzt ist er zufrieden und sieht, wie seine Zuschauer ihn anlächeln.

Hinter den Zuschauern erscheint plötzlich das Bild seines Großvaters. Er zwinkert ihm zu: „Du hast es geschafft und deine Aufgaben gelöst". Das klang so erleichternd und belustigend, dass er lachend seine Augen öffnet und als erstes den klaren hellblauen Himmel erblickt. Dann legt das Boot wieder an. Er hat sein Ziel erreicht. Sein Rucksack fühlt sich mit einmal ganz leicht an, als er ihn aufnimmt und an Land trägt. Beschwingten Schrittes und voll Zuversicht und Gelassenheit legt er den Rest seines Weges zurück.

Möglichkeiten

Neue Inspirationen bekommen für ein Problem oder eine Situation, welches noch nicht vollständig gelöst ist.

Das magische Schloss

Ein junger Mann besucht öfters die Gärten eines alten Schlosses. Doch sein größter Wunsch, das Schloss einmal zu betreten wurde bisher noch nie erfüllt. Sein Leben fühlt sich für ihn klein und dunkel an, doch in den Gärten des alten Schlosses fühlte er sich schon immer wohl. Manchmal sehnt er sich danach, in das Schloss eintreten zu dürfen. Irgendwie kommt ihm das Schloss auch sehr vertraut vor. Der Hausverwalter hat ihm einmal gesagt, all die Räume wären reserviert, für eine besondere Person. Eines Sonntags läuft er den Parkweg entlang und entdeckt einen schmale Pfad, der in einen kleinen Wald führt. Der Weg zieht ihn an und er folgt ihm durch Büsche und Sträucher bis vor ihm eine weiche grüne Wiese auftaucht.

„Das ist ein guter Platz um ein wenig zu entspannen", sagt er sich. Er legt sich in das dichte Gras und schlummert behaglich ein. Plötzlich wird es um ihn herum lebendig. „Wir sind die Kobolde der Welt, wir machen möglich was gefällt", singt eine kleine Schar roter Kobolde und beginnt um den junge Mann herumzutanzen. „Seht nur, unser armer Freund", sagt einer der Kobolde. „Er sehnt sich nach dem Schloss und kommt aber nicht hinein". „Vielleicht weiß er gar nicht, dass es ihm ja offen steht", sagt ein anderer. „Wir wollen es ihm sagen", spricht der erste, „den im Traum kann er uns verstehen".

Da beginnen die kleinen Kobolde in beide Ohren des jungen Mannes zu sprechen. „Hör nur, es gibt ein Geheimnis um das Schloss, in das du hinein möchtest. Alle Räume sind für dich da, allerdings brauchst du einen Schlüssel um sie zu betreten. Und Liebe brauchst du, um sie zu bewundern. Der Schlüssel liegt alleine in deinen Gedanken, Was du dafür wissen musst, sagen wir dir nun: Du bist es Wert, das Licht zu sehen, im Licht zu leben um Raum zu haben. Du darfst dir erlauben, zu hoffen und wünschen und Schritte zu gehen, wohin du dich sehnst. Für dich ist das Haus des Lebens gebaut und jedem Raum dem du Liebe gibst, da ist auch für dich Platz. Alles weitere wirst du erleben". Nach diesen Worten verschwinden die Kobolde schnell in den Büschen.

Der junge Mann erwacht und ihm ist ganz sonderbar frei im Kopf, als hätte jemand Gutes zu ihm gesprochen. Er erhebt sich, es dunkelt schon und er geht den Weg zurück von der kleinen Wiese. Als er sich nähert, empfindet er wieder die Sehnsucht, die Räume des Schlosses zu betreten. Er geht zum Portal, zu dieser großen Tür, mit den Fenstern aus mattem Glas. Da geht warmes, angenehmes Licht in dem Schloss an. Es wirkt einladend, als wäre es gerade für ihn bestimmt. Mutig klopft er an die Tür und greift an das Schloss, doch wie früher ist es verschlossen. „Ich werde nicht aufgeben", denkt er. „Ich bin es wert, hier Einlass zu finden. Ich möchte erfahren wer hier wohnt. Wenn ich selber dort wohnen würde, ließe ich niemand hier draußen warten". Während er zum ersten mal so denkt, ist es, als bewege sich sein Kopf leicht. Die Augen blicken ruhig und entspannt an den Rand des

Portals und sehen dort einen Schlüssel hängen. Er hebt seinen Arm, greift mit der Hand nach dem Schlüssel und nimmt ihn vom Harken. In der Hand fühlt der Schlüssel sich angenehm kühl an. Die Finger spüren eingravierte Verzierungen Als er näher hinsieht, entdeckt er ein Muster, dass ihn an Schriften alter Völker erinnert. Sie sehen symbolisch und von fast kindlicher Einfachheit aus.

Der junge Mann steckt den Schlüssel zögernd ins Schloss der großen Eingangstür, doch er scheint nicht recht zu passen. Und während er weiter versucht, kommen ihm wie im Traum, ganz ungewohnte Gedanken. „Es ist mir erlaubt, das Schloss des Lebens zu entdecken. Ich bin es wert, das Licht zu sehen und im Licht zu leben, aus meinen eigenen Impulsen". Noch ein weiteres mal probiert er es und auf einmal passt der Schlüssel. Er lässt sich leicht im Schloss drehen und er hört das leise Klicken der kleinen Metallbögen.

Das Portal des Schlosses öffnet sich und gibt ihm den Blick auf einen großen, hellen Raum frei. In diesem Raum schwebt, wie eine klein Sonne, ein leuchtender strahlender Ball aus Licht, der alles erhellt. Der junge Mann betritt den Raum und fühlt sich sehr wohl, als er zum Lichtball aufblickt, dessen Licht so sanft und ruhig zu ihm kommt und den fast leeren Raum so erhellt, dass er die vielen farbigen Fotografien sehen kann, die an den Wänden hängen. Er staunt, denn er sieht Bilder von schönen Erlebnissen aus seiner Vergangenheit. Alte und gute Erinnerungen werden in ihm wach. Es wird ihm angenehm warm ums Herz, als er all diese Bilder sieht und er erinnert sich. „Ja, ich habe schon so viel schönes erlebt. Ich hatte so manche Erfolge im Leben. Gut all das bei mir zu wissen" Dann sieht er sich um und erblickt zwei Türen und eine Treppe, die nach oben führt. Neugierig fragt er: „Ist da jemand?" Da beginnt der Lichtball noch heller zu leuchten und aus seiner Mitte erklingt eine freundliche Stimme. „Ja, lieber Freund, ich bin dein höheres Licht. Ein Teil deines selbst und leuchte dir, wenn du nun dein Schloss, den es ist dein Schloss, entdeckst. Jetzt bist du im Raum der guten Erinnerung".

Der Mann fühlt sich leicht und frei und sagt: „Danke mein Licht, nun weiß ich, dies ist mein Schloss, mein Haus. Seit jeher und von nun an will ich es entdecken". Er geht zur ersten Tür und gelangt in einen farbigen Raum, der wie die Werkstatt eines Künstler aussieht. Da sind Farben, Staffeleien, Stoffe, Spiegel, sogar Musikinstrumente hängen an den Wänden. Das Licht scheint und spricht: „Das ist der Raum deiner kreativen Fantasien. Hier gedeihen all deine Ideen. Du kannst malen, musizieren, singen, formen und gestalten. Und alles wird echt sein, den es kommt aus dir. Er bemerkt, dass aus diesem Raum eine Tür ins Freie geht. „Wenn du sie öffnest, werden Menschen kommen, die Freude an dem haben, was du tust", spricht eine Stimme. Der junge Mann fühlte sich wundervoll in diesem Raum. Er denkt an alle seine guten Freunde und sagt sich: „Ich lade alle ein".

Der Lichtball führte ihn wieder zurück zum Raum der guten Erinnerungen. Von hier aus zur zweiten Tür und durch diese betritt er ein anderes Zimmer. Dort sind Regale mit Büchern und ein langgezogener Tisch auf dem ein kunstvoll mit Perlmutt besetztes Kästchen steht. Weiterhin liegen dort Pergamentrollen, sowie ausgebreitete und zusammengefaltete Karten. Manche Karten sind Landkarten ähnlich. Andere gleichen astronomischen oder meereskundlichen Aufzeichnungen.

Der Lichtball scheint wieder und sagt: „Sieh, dass ist der Raum des Wissens. Alles alte Wissen, das du brauchst, wirst du in diesen Büchern und Karten finden. Und du kannst lernen, was du möchtest. Auch über das Wissen der Gegenwart, geben dir die Karten und das verzierte Kästchen Auskunft. Nutze sie für dein Leben und sie geben dir ihr Wissen. Und sie lehren dich, ihre Symbole und ihre eigene Sprache zu verstehen. Hier lernst du auch, neue Techniken menschlich zu nutzen und die heutige Zeit zu meistern, den du weißt, über all dem Wissen steht seit jeher die Weisheit des Herzens".

Aus dem Raum des Wissens durch den Raum der guten Erinnerung hindurch, führt das Licht den jungen Mann nun die Treppe empor. Nach einer Windung gelangen sie in einen weiten Raum. Durch ein Glasdach leuchtet der Sternenhimmel und das höhere Licht erhellt den Raum. Ein Bett steht dort an der einen Seite des Raumes. Sonst ist alles noch leer. Das Licht spricht: „Das ist der Raum, um dein Leben nach deiner eigenen Art und Weise zu gestalten. Hier kannst du entspannen, dich wandeln und handeln, wie es dir behaglich ist. Schaffe dir selbst diesen Raum dazu". Da antwortet er dem Licht: „Ich erkenne jetzt, wie ich mein Leben gestalten möchte. Für mich aber auch mit anderen zusammen. Und ich habe jetzt den Mut, alles das wirklich zu tun". - „Gut", erwiderte das höhere Licht, „Heute hast du begonnen, das Haus deines Lebens zu entdecken. Innerlich gestaltest du es schon. Es gibt noch andere Räume, die du in der Zukunft entdecken wirst. Schon morgen wird dein Leben reicher sein".

Als sich der Mann daraufhin auf das Bett legt und den Himmel betrachtet sagt er: „Danke, höheres Licht. Ich freue mich schon auf die nächsten Tage. Dann schlummert er ein und ihm ist im Traum, als würden vergnügte Kobolde auf einer Wiese mit ihm tanzen.

Möglichkeiten

Reflektion der Erfolge und Erinnerungen. Raum schaffen für neues Wissen und die Zukunft

Krug der Liebe

Vielleicht hast du ja manchmal das Gefühl, dass es in deinem Leben Situationen gibt, wo du jemandem weh getan, oder jemanden geschadet hast. Vielleicht hast du dich zum Täter gemacht, vielleicht war es auch umgekehrt und du warst das Opfer. Sicherlich kam es schon öfters mal vor, dass du deinen Tätern eventuell vergeben wolltest. Dazu brauchst du dich nur mit deinem höheren Selbst zu verbinden und dir wird von deinem höheren Selbst ein goldener Krug überreicht. In diesem Krug befindet sich eine Flüssigkeit, die es vermag, alles zu vergeben, alles Leid und alle Schuld aufzulösen, sogar zu heilen und Liebe zu geben.

Nimm diesen goldenen Krug von deinem höheren selbst und begib dich in eine Situation in deinem Leben, in der du dich als Opfer gefühlt hast und reiche diesen Krug der Liebe und Vergebung der Person, welche dir Leid zugefügt hat, wie immer sie es auch gemacht hat. Und wenn du vor dieser Person stehst, schaue ihr in die Augen und sage: „Bitte trinke aus diesem Krug der Liebe und Vergebung, ich vergebe dir von ganzen Herzen für alles, was du mir angetan hast, in diesem und möglicherweise auch anderen Leben. Ich mag dich".

Nimm wahr, wie diese Person den goldenen Krug nimmt und trinkt und wie Liebe und Vergebung in diese Person fließen kann und Heilung. Und vielleicht gibt es noch mehr Personen, denen du diesen Krug reichen möchtest und siehst dabei, wie Liebe und Heilung und Vergebung in diesen Menschen fließen kann.

Und falls du dich in der Situationen befindest, wo du dich selbst zum Täter gemacht hast, dann reiche diesen Personen, deinen Opfern, diesen Krug. Reiche jeder Person, diesen Krug und sage jedes mal: „Bitte trinke aus diesem Krug der Liebe und Vergebung, für das was ich dir angetan habe in diesem und möglicherweise anderen Leben, dessen Flüssigkeit es vermag, alles zu heilen, alles aufzulösen, Vergebung zu bringen. Ich bitte dich um Vergebung. Ich mag dich"

Und jetzt begib dich zu dir selbst. Zu der Person, die du selbst bist, zu deinem jüngeren Ich, oder falls es sich um ein anderes Leben handelt, zu diesem Mensch von dir in einem anderen Leben. Dann reiche dir selbst den Krug und sage zu dir oder zu dem Teil von dir: „Ich bitte dich, trinke aus diesem Krug, dessen Flüssigkeit es vermag alles zu heilen, alles Leid aufzulösen und zu vergeben. Ich spreche dich von aller Schuld frei, ich vergebe dir".

Dann nimm wahr, wie dein jüngeres Ich, aus diesem goldenen Krug trinkt und wie Liebe und Heilung in dein Ich dort fließt und sich alles Leid und Schmerz dort auflösen und Vergebung in dich fließen kann. Schau dir selbst noch einmal in die Augen und sage: „Ich liebe dich, ich mag dich, der oder die du ein Teil von mir bist".

Spüre jetzt, was sich dadurch für dich ändert, rückblickend auf deine Vergangenheit und voraussichtlich auf deine Zukunft, in dem Wissen, dass jetzt alles Leid, alle Schuld vergeben ist. Und wenn du dann soweit bist, gib deinem höheren Selbst diesen goldenen Krug zurück und bedanke dich für dieses Geschenk und die Gnade.

Stelle dir in deinem Kopf eine unendliche Quelle von Liebe und Heilkraft vor und erlaube dieser Liebe und Heilkraft in deinen Scheitel einzufließen. Lasse diese Liebe und Heilkraft der unendlichen Quellen in deinen ganzen Körper einfließen. Vielleicht stellst du dir diese Energie der Liebe und Heilkraft in einer Farbe vor, vielleicht hörst du auch einen Ton oder einen Klang dazu, wie auch immer du es erlebst.

Lass die Liebe und Heilkraft in deinen ganzen Körper fließen, von den Haarspitzen bis zu den Zehenspitzen. bis jede einzelne Körperspitze darin badet, in dieser Liebe und Heilkraft.

Und wenn du soweit bist, dann lasse die Liebe und Heilkraft der unendlichen Quelle jetzt weiter fließen, lasse sie aus deinem Herzen fließen in die Situation dorthin, wo dein jüngeres Ich sich energetisch gerade befindet. Lasse sie zu deinen Eltern und Vorfahren fließen und sie mit dieser Quelle der Liebe und Heilkraft verbinden.

Lass jetzt alles, was dir wenig nützlich an Glaubenssätzen ist von dir fließen und spüre die Ruhe und Ausgeglichenheit in dir. Komm wieder in die Gegenwart mit dem Wissen, dass du jederzeit aus deinem goldenen Krug trinken kannst.

Möglichkeiten

Du warst im Leben Opfer und Täter. Hier geht es um die Vergebung beider Anteile in Dir.

Geheimnisvolle Schriftrolle

Der kleine Junge war wie schon Wochen und manchmal Monate vorher von unbestimmten Ängsten gepeinigt. Als er sich traurig und verzweifelt zu Bett begab, auf dem Weg in den Schlaf, einen immer tieferen Schlaf, geriet er in einen eigenartigen Zustand, der seine innere und äußere Wahrnehmung veränderte. Er wusste nicht, ob er noch wach ist oder bereits träumte, als er bemerkt, dass sich das Zimmer in ganz eigenartiger Weise zu verändern beginnt. Der Raum wird größer, so, als ob die Wände zurückweichen würden. Die Farben verändern sich, die Einrichtung des Zimmers beginnt eine sehr ursprüngliche und natürliche Form anzunehmen. Die Möbel, der Teppich, sowie Schränke verwandeln sich in riesige alte Bäume, in Erde, in Moos, in unbekannte Pflanzen. Er erkennt ein Wechselspiel wundersamer Farben, in Felsen und sonderbar anmutende Sträucher. Auf seltsame Weise scheint sich alles zu öffnen und eine Vielzahl von merkwürdigen Tönen und Laute werden hörbar. Die Grenzen des Zimmers, in dem das Bett des Jungen steht, sind jetzt vollständig aufgelöst. Er findet sich auf einem umgestürzten Baumstamm sitzend am Rande eines sehr ursprünglichen Waldes wieder, der fremdartig und einladend zugleich wirkt.

In dem Augenblick, indem der Junge über sein Alleinsein nachzudenken beginnt, teilen sich die Zweige und eine junge Frau mit feinen langen blonden Haaren und sanften blauen Augen tritt vor das Kind. Der Junge war ängstlich und neugierig zurückgewichen. Als die junge Frau (eine Fee?) einen Schritt näher zu ihm herantritt und spricht:

„Begleite mich an einen Ort, in der Mitte dieses Waldes, an einen Ort, der sehr ursprünglich etwas mit dir zu tun hat". Der Junge muss seinen ganzen Mut aufbringen um diese Einladung anzunehmen. Nach wenigen hundert Metern kommen sie auf eine Lichtung im Wald, auf der es bereits sehr lebhaft zugeht. Erstaunt bemerkt er eine kleine Gruppe von weißen Pferden, die dort mit der jungen Frau auf ihn warten. Sie werden von allen freudig begrüßt. „Wir haben schon länger auf dich gewartet, suche dir eines der Pferde als Reittier aus. Wir müssen uns beeilen, um noch vor Dunkelheit unser Ziel zu erreichen", sagte die Fee in liebevollem Ton zu dem Jungen.

Noch ehe er sich richtig entschieden hat, fährt ihm ein sanfter Schrecken in die Glieder. Er sieht, wie eines der Pferde sich beugt, damit er leichter aufsteigen kann. Und die kleine Herde von Pferden und die Fee beginnen sich in Bewegung zu setzen. Zuerst langsam, was dem Jungen Gelegenheit gibt sich etwas besser mit dieser für ihn noch ungewohnten Fortbewegungsart anzufreunden.

Es ist erstaunlich, wie behutsam, wie rasch, wie zielstrebig und geschickt sich die weißen Pferde durch den Wald bewegen. Und der kleine Junge fängt an, seinem Reittier mehr und mehr zu vertrauen. Er lernt dabei, den Hindernissen, welche sich auf seiner ungewohnten luftigen Höhe auf dem Weg befinden auszuweichen. Die anfängliche Unsicherheit, ausgelöst durch die Höhe und dem schwankenden raschen Gang, weicht zunehmend einem Gefühl von aufgeregter Spannung. Nach und nach vermischt sich dieses Gefühl mit einem Empfinden von Stolz und zunehmender Sicherheit, denn der Junge erlebt, wie viele Tiere des Waldes ihm begegnen.

Er bemerkt rasch, wie Füchse, Hirsche, Rehe und Eichhörnchen dem Jungen auf seiner Reise zuwinken. Erstaunt und ungläubig macht er die Erfahrung, wie interessant und aufregend es ist auf dem Rücken des Pferdes durch den Wald zu reiten und sich dabei auch im Angesicht all der schönen Tiere sehr sicher zu fühlen. Er erlebt und geniest diese Erfahrung mit jeder Faser seines Körpers und Empfindungen. Fast zu schnell erreicht die Gruppe von weißen Pferden mit der Fee ihr Ziel.

Sie sind angekommen auf einer von Menschenhand kultivierten Lichtung in der Mitte des Waldes. Der Junge erblickt großzügig erbaute Hütten und Höhlen mit kunstvollen Schnitzereien und ist innerlich berührt von der freundlichen Atmosphäre und dem lebendigen Treiben an diesem schönen Ort. Vor einer größeren Hütte im Zentrum hält der Tross an. Auf der Veranda dieses Hauses warten einige festlich gekleidete Menschen, darunter auch ein älterer Mann mit langen weißen Haaren und einem ebensolchen Bart in seidenen Gewändern.

Der alte Mann spricht den Jungen mit seinem Namen an und heißt ihn willkommen. „Trete ein in meine Hütte", hört er den Mann sagen, der wie ein Druide oder Zauberer aussieht. Der Junge nimmt mit der Fee an einem festlich gedeckten Tisch Platz. In einem Raum, in dem eine für ihn seltsam vertraute Atmosphäre herrscht. Er spürt sehr deutlich, dass alles, was er bisher erlebt hat, sein Weg, sein Ziel war. Und es wundert ihn nicht, das der alte Mann ihn vor der Hütte willkommen geheißen und ihn drinnen so freundlich bedient hat, Er fordert den Jungen auf, mit ihm in einen Raum zu gehen, in dem eine alte große holzgeschnitzte und silberbeschlagene Truhe steht. Der kleine Junge spürt, das jetzt etwas entscheidendes passieren würde.

Der alte Mann fordert das Kind auf, die Truhe zu öffnen und deutet dann auf eine alte Schriftrolle. Auf dieser steht der Name des Jungen, was ihn sehr überraschte. „Dieses" sagt der alte weiße Mann „ist deine Schriftrolle. Es ist die Schriftrolle deines Lebens. Der Sinn deiner Reise hierher besteht darin, dass du in aller Ruhe und Konzentration diese Rolle anschaust und liest. Erkenne, was du bisher erlebt hast und welche Bedeutung das alles für dich, deine Familie und deine Freunde hat. Du wirst Dinge lesen, die dich mit Freude erfüllen, andere die schmerzlich für dich sind. Du wirst Passagen finden, die dir vieles was dir heute sinnlos oder rätselhaft erscheint, helfen zu entschlüsseln. Außerdem sind auf dieser Schriftrolle mehrere Kapitel über die Lösungen vieler deiner Ängste und damit zusammenhängender Probleme nachzulesen. Nutze die Zeit", sagt der alte Mann und nach einem kurzen viel Wärme und Güte aussendenden Blick verlässt er den Raum und lässt den Jungen mit der alten Schriftrolle bei der Truhe zurück.

Er beginnt zu lesen, zu schauen und zu staunen. Er lacht, weint und ist auch mal wütend. Er spürt eine tiefe Sehnsucht in sich und begreift den Sinn all seiner Gefühle. Nach und nach beginnt er zu verstehen. Er beginnt seine Gefühle zu verstehen, seine Handlungen, sowie die Handlungen und Gefühle seiner Eltern, der Freunde und anderer Menschen, die wichtig sind in seinem Leben. Es war nicht so, das plötzlich alles ganz einfach wurde, aber mit verstehen und dem begreifen kehren Ruhe und Gelassenheit in die Seele des Jungens zurück. Eine Ruhe und Gelassenheit, die er in der Form schon lange nicht mehr erlebt hat, breiten sich in seinem Bauch und später im ganzen Körper aus. Ein Gefühl von Weite und Ausdehnung. Gerade als er am Ende der Schriftrolle angekommen ist und sie wieder zusammenrollt, kommt der alte Mann in diesen besonderen Raum zurück und fordert ihn auf, alles was wichtig war auf dieser Reise, in seinem Verstand und in seinem Herzen zu behalten.

Nach einer Weile des Innehalten ist langsam die Zeit für die Rückkehr gekommen. Die Rückreise durch den Wald hat nichts von seiner Aufregung verloren und ist begleitet von Zuversicht und Freude. Unter den aufmunternden Blicken und zurufen der Fee erreicht er schließlich den Ausgangspunkt seiner Reise. Behutsam hilft ihm die junge Frau, die aussieht wie eine Fee und welche ihn eingeladen hat, wieder von dem weißen Pferd herunter und bringt ihn zu dem Baumstamm am Rande des Waldes zurück.

Nachdem sich der Junge von der jungen Frau und den Pferden verabschiedet hat, sitzt er dort noch eine Weile und lässt noch einmal all die Ereignisse an seinem inneren Auge vorbeiziehen. Er ordnet seine Gefühle und Gedanken und beginnt zu begreifen, was sich mit dieser Reise in seinem Leben ereignet hat. Und als er in seinem Schlafzimmer aufwacht wird ihm bewusst, das Träume und Träume noch lange nicht dasselbe sind. Er kehrte wieder zurück mit dem Wissen, etwas Wertvolles erfahren zu haben und in Verbindung mit dem zu sein, was wichtig und sinnvoll für ihn ist. Der Junge erlaubt sich nun, alles erlebte in sich aufzunehmen und es nach seinen Wünschen und Vorstellungen zu verwandeln.

Möglichkeiten

Reflektion des bisherigen Lebens. Auf der Schriftrolle kann der Teilnehmer entdecken, was er selbst dort über sein Leben hinein geschrieben hat.

Reise zu den Quellen

Du befindest dich auf einem alten Segelschiff und ein Matrose im Ausguck ruft: „Land in Sicht – dein Land" Du schaust auf ein hügeliges Land. Es ist grün bewachsen, doch etwas daran ist ganz anders als du es bisher kanntest, denn da und dort steigen farbige Nebel in den Himmel auf. Sie scheinen aus der Erde zu kommen. Das alte Schiff legt an. Am Ufer warten freundliche Wesen, die wie Feen und Zauberer aussehen. Eine Fee ruft dir zu: „Willkommen hier, alles ist für dich da. Du wirst hier finden was dir gefehlt hat. Du kannst in diesem Land hier vollständig wachsen".

Du gehst an Land und fragst dich staunend, was du hier wohl finden wirst und wie du es finden kannst. Als du dies denkst, steht neben dir die gleiche Fee, welche dir zugerufen hat. Ihr Gesicht ist dir seltsam vertraut. Sie spricht mit wohltuender Stimme: „Ich habe dich seit langem erwartet. Als ich früher bei dir war, da haben wir uns noch nicht ganz erkannt, haben manches noch nicht erlebt, in der Eile der Zeit. Jetzt bin ich hier, um mit dir die Quellen des Wachstums zu spüren. Schau, überall, wo Licht aus dem Boden aufsteigt, entspringt auch Wasser. In jedem ist Lebensenergie von einer ganz besonderer Art". Du siehst weit vor dir in diesem Land farbige Nebel aus dem Boden steigen. Sie sind rot, golden, grün, violett und weiß, und vieles mehr. „Es ist eine gute Zeit", sagt die Fee. „Die magischen Quellen sind wieder erwacht". Und du spürst, wie dein Herz weich wird, während du zu den Lichtwolken schaust. Sie sagt: „Am Ursprung jedes Nebels liegt eine Quelle deines Lebens. Und trinkst du etwas aus ihr, wird sich in dir etwas entfalten, wie du es dir schon lange ersehnt hast".

Ihr lauft und findet euch auf dem Weg hin zu dem roten Licht. Ihr kommt näher und hört den leisen vertrauten Rhythmus eurer Herzen. Schon seit ihr eingehüllt in rotem Licht. Und wie von selbst führt es euch zu eurer ersten Quelle in der Mitte des Nebels. Da sprudelt ein duftendes Wasser empor. Es ist warm und Dampf steigt auf gen Himmel, als roter Nebel aus diesem Wasser geboren wird.

Ihr kniet nieder und die Fee sagt zu dir: „Das ist die Quelle der Liebe". Du trinkst und fühlst eine sanfte und sichere unsichtbare warme Schwingung zwischen dir und der inzwischen vertrauten Fee. Fast wie ein verbindendes Band von Seele zu Seele. Du hast ein Gefühl der Erfüllung und Erleichterung in Dir. Sie sagt: „Willkommen, du kannst nun entspannt wachsen". Und du weinst, weil du das Gefühl hast, dass du geliebt und verbunden bist mit der Natur. Auch die Fee weiß was du gerade empfindest.

So geht ihr weiter zum grünen Licht und haltet euch dabei an den Händen. Doch als ihr jetzt eintaucht in das Grün, läufst du einfach voraus, voller Neugier und Energie und du bemerkst die Schwingungen der Liebe bleiben erhalten, wohin du auch läufst. Nun erreichst du das Wasser. Sprudelnd steigt grüner Nebel daraus hervor und zieht eigenwillige Kreise in der Luft. Du musst lächeln. Da hörst du neben dir die Worte der Fee: „Dies ist die Quelle der Freiheit. Sie gibt dir die Erlaubnis zu verwirklichen was in dir ist. Zu laufen, zu springen, zu reden, zu lachen, zu denken, zu handeln, aus dir heraus und im Einklang mit der Natur. Lass uns trinken, von der Quelle der Freiheit".

Die Fee und du beugt euch zum sprudelnden Wasser. Es ist frisch und ihr trinkt daraus. Plötzlich wird alles hell und weit um euch herum. Da ist eine neue Kraft in dir und deine Träume kommen in dein Bewusstsein. Träume, das eigene Leben jetzt zu gestalten. Du weißt, du darfst es nun tun. Du darfst dir erlauben glücklich zu werden und es kann sich jetzt alles frei entfalten, was tief in dir ist. Dann schaut ihr euch beide an, lächelt und lauft weiter. Du gehst selbständig, beherzt und fühlst dich in der Schwingung der Liebe geborgen.

Ihr geht auf einen violetten Nebel zu, der vor euch zum Himmel aufsteigt. Und als ihr näher kommt, taucht ihr ein in die Energie. „Bevor wir nun weitergehen", sagt die Fee zu dir, „Lass uns ein Bad nehmen. Dort ist ein See. Das Wasser nimmt alles unnötige auf, was wir nun nicht mehr brauchen. Alles was wir ablegen möchten, wandelt es nun, in den Urgrund der Stoffe und gibt es der Natur zurück". Vor euch erscheint ein klarer See, einladend und wie geschaffen zum Baden.

Ihr gleitet hinein und schwimmt umher. Und mit jeder Schwimmbewegung spürst du, dass alles was du nicht mehr brauchst, alles was Last geworden ist, vom Wasser aufgenommen wird, von innen nach außen. Und das Wasser zerteilt alles in seine feinsten Teile, um sie dem Leben zurückzuführen.

Während ihr nun weitergeht, sagt die Fee zu dir: „Bisher habe ich dich geführt, nun geh du selbst zur nächsten Quelle. Suche voll Vertrauen, jene, von der du noch trinken willst. Ich werde dich begleiten". Du schaust umher im Land und siehst jetzt farbige Nebel hier und dort aus dem Boden aufsteigen. Und eine Farbe zieht dich noch magisch an. Ganz besonders diese eine Farbe. „Dein Unterbewusstsein weiß, was in der nächsten Quelle für dich bereit liegt", sagt die Fee. „Lass dich von deinem unbewussten führen und erlebe es selbst. So laufe zu dem ganz besonderen Licht, das dich anzieht, dem du seit je her vertraust und trinke, was du schon seit langem wolltest. Nimm es einfach in dich auf". Wie im Traum läufst du weiter. Ein besonderes Licht beginnt dich mehr und mehr anzuziehen, während die Landschaft vertraut wirkt und irgendwie anders ist.

Ihr taucht ein in euer Licht und du erreichst deine Quelle. „Nur du weißt, welche Energie du nun aus dieser Quelle schöpfst und trinkst", sagt die Fee. Du beugst dich und trinkst aus dem Wasser. Du spürst, dass es genau das ist, wonach du dich lange schon gesehnt hast. Und ein tiefes Glücksgefühl durchströmt deinen Körper. „Nun hast du alles, was du lange verloren glaubtest und es ist wieder bei dir". Und du weißt, dass die Quellen des Lebens in dir weiterfließen werden. Du spürst, dass sich hier deine Reise vollendet. Du schaust in die lieben, vertrauten Augen der Fee. „Ich bin gewiss", sagt sie, „Was du hier erlebst wird sich in diesem Leben entfalten. Auch für mich hat sich etwas erfüllt". Und ihr beide spürt, dass das Band aus Liebe, das euch seit Anfang der Reise verbindet, eine wunderbare Schwingung ist. Eine Schwingung, welche euch, auch wenn ihr ganz eigene Wege geht, immer verbindet. Du spürst, dass du dich frei fühlst und dennoch tiefe Liebe empfindest. „Das wird eine gute Zukunft. Alles, was du hier empfangen hast, bleibt dir. Überall im Leben, wo du es brauchst", sagt die Fee.

Du blickst in die Zukunft und ins Licht. Dann schaust du dich noch einmal um und siehst all die verschiedenen Farben über den Quellen in der Landschaft und bist dir sicher, all das ist nun in dir und du kannst es aufsuchen, wann immer du es möchtest. Dein Bereich, deine Quellen, dein Ort der Kraft, seit deiner Kindheit. Als du noch in Gedanken bist, tragen dich deine Schritt zurück zum Schiff. Dorthin, wo du mit Gewissheit und im Einklang mit dir selbst größer werden kannst. Wie du das Segelschiff besteigst und dir einen schönen Platz suchst, stellst du überrascht fest, dass du spüren kannst, wie all diese Farbenpracht, wie all diese Worte, die Liebe und die Zuneigung in dir sind. Und es fühlt sich gut an.

Mit dem Segelschiff deiner Gedanken wird dieser Ort jederzeit zugänglich. Der Wind deiner Träume bringt dich schnell dorthin. Wann immer du es möchtest. Und du weißt, dass diese Quellen fließen, durch die Jahreszeiten, sich ständig erneuernd und dich immer wieder kräftigen.

Möglichkeiten

Wie der Name schon erahnen lässt; Die Quellen stehen für innere Reinigung und Erneuerung der eigenen Energien für Liebe, Wissen und Freiheit.

Die Kirche

Verlasse jetzt mit deiner Fantasie diesen Ort und stelle dir vor, du läufst durch eine alte Stadt. Die Gebäude hier sind schon vor sehr langer Zeit erbaut worden. Sie wurden von Menschen gebaut, die selbst schon lange gestorben sind. Die Straßen bestehen aus Kopfsteinpflaster, das im Laufe der Zeit schon ganz glatt wurde. Wenn du durch die engen Gassen gehst, kannst du dir vorstellen, wie das Leben hier früher ausgesehen hat.

Am Ende einer dieser schmalen Gassen kommst du auf einen Marktplatz, auf dem ein Wochenmarkt stattfindet. Stände mit Gemüse und Obst und andere Dinge sind hier zu entdecken. Schlendere eine Weile über den Markt. Am Rand des Marktes, abseits der Stände entdeckst du eine alte Kirche. Sie wird von den Menschen auf dem Markt kaum bemerkt,… aber dir ist sie aufgefallen. Schaue sie dir von weitem an, komme näher heran und gehe dann zur Eingangstüre. Betritt die Kirche.

Drinnen ist es dunkler als draußen und deine Augen müssen sich erst langsam an das wenige Licht gewöhnen. Hinter dir schließt sich die Eingangstüre wieder. Die Betriebsamkeit und das Gemurmel des Marktes verstummen. Du bist der einzige Besucher hier. Es herrscht Ruhe im Inneren der Kirche.

Hier sind Kerzen, die auf dem Altar stehen, die einzigen Lichtquellen. Schaue dich jetzt in der Kirche um. Schaue dir in aller Stille die Bilder an den Wänden und in den Altären an, die Statuen und die Verzierungen an den Wänden und an der Decke. Vielleicht kannst du noch einen Rest Weihrauch-Duft in der Luft bemerken, der sich mit dem Duft der Kerzen mischt.

Wenn du dich umgesehen hast, dann setze dich in eine Bank, lasse die Stille und die besondere Stimmung hier auf dich wirken. Gönne dir eine Pause und genieße diese Stille der Kirche, lasse deine Gedanken abdriften. In diese Kirche kommen oft Menschen, die hier Gedanken hinterlassen. Menschen, die Worte und Gefühle des Dankes für schöne Erlebnisse hier denken und leise aussprechen.

Sie hinterlassen diesen Dank in der feierlichen Stille dieser Kirche. Wenn du möchtest, kannst auch du kurz überlegen, was du an Schönem in der letzten Zeit erlebt und erfahren hast. Lasse dir jetzt Zeit dafür, hier an diesem Ort einige Gedanken über dein Leben, über Situationen wo du Opfer oder Täter warst.

Gewähre allen Tätern Vergebung und vergib dir selbst, für Wort und Handlungen, die du heute bereust. Empfange die Energie und die Dankbarkeit in der Stille dieses Ortes. Andere Menschen kommen hierher, um Hoffnungen, Träume und Wünsche der Stille hier in der Kirche anzuvertrauen.

Wenn auch du Hoffnungen in dir trägst, wenn auch du Träume und Wünsche hast, kannst du sie ebenfalls der Stille in dieser Kirche anvertrauen. Stelle dir dann vor, dass draußen die Sonne hinter den Wolken hervorkommt und die bunten Glasfenster der Kirche hell leuchten.

Die ganze Kirche wird in ein buntes und warmes Licht getaucht. Spüre die angenehme Wärme, die dieses Licht in der ganzen Kirche verbreitet. Dann verlasse die Kirche wieder, tritt hinaus auf den Marktplatz und genieße den sonnigen Tag. Schlendere noch eine Weile durch die Straßen und mache dich dann auf den Rückweg.

Die Kirche

Möglichkeiten

Besinnung, Glaube, Vergebung und Gebet

Die kleine Hafenstadt

Stell dir in Gedanken vor, du stehst auf einer Anhöhe. Ein leichter sanfter Wind weht über das Gelände hinweg. Er trägt einen angenehmen Orangenduft mit sich. Atme die angenehme Luft durch die Nase tief ein und aus. Lege dabei deine Hand auf den Bauch und spüre wie sich dein Bauch hebt uns senkt. Konzentriere dich ganz und gar auf deinen Atem. Atme durch die Nase tief ein und durch den Mund wieder aus. Noch einmal atme durch die Nase tief ein und durch den Mund wieder aus.

Wenn du dich jetzt umschaust, siehst du um dich herum Organgenbäume, die über und über mit saftigen Orangen behangen sind. Vögel zwitschern fröhlich und fliegen von Baum zu Baum, dabei versorgen sie ihre Nester. Mitten im Orangenfeld fliest ein kleiner, klarer Bach, welcher die Bäume mit dem wertvollen Wasser versorgt. Um die Wasserfläche herum wachsen unterschiedliche Sträucher und Blumen. Ihre Blüten strecken sich dem Himmel entgegen.

Etwas unterhalb des Hügels, befindet sich eine alte Stadt, die in einen Fels hineingebaut wurde. Weiße kleine Häuser schmiegen sich mit ihren runden Mauern in das

Geländer und in die Felsen hinein. Alles wirkt wie eine Einheit auf dich. In der kleinen Stadt befinden sich kleinere Häuschen, aber auch große Paläste mit schön bewachsenen Gärten. Darin erkennst du kleine Springbrunnen und in der Sonne glänzende steinerne Figuren. In der Mitte der Stadt kannst du einen großen Marktplatz entdecken.

Vielleicht hast du Lust, auf dem gut befestigten Weg in diese Stadt zu gehen. Du wirst begleitet von den warmen Strahlen der Sonne, welche dich angenehm berühren. Eine leichte kühle Brise erfrischt und begleitet dich. Du läufst auf Pflastersteinen, die schon vor ewigen Zeiten hier angebracht und verlegt wurden in Richtung der Stadt. Dir allen sofort die mit Blumen geschmückten Häuser auf,

Dein Weg führt immer tiefer in die Stadt hinein. Auf dem Weg begegnen dir spielende, fröhliche Kinder. Die Erwachsenen sitzen vor ihren Häusern auf Bänken und trinken gemeinsam Tee oder Kaffee. Du bemerkst, dass die Menschen hier füreinander da sind. Sie wirken auf dich wie eine Gemeinschaft.

Ein würziger Geruch weht dir entgegen. Du bist neugierig, welcher Duft das sein könnte und gehst ihm entgegen. Immer stärker nimmst du ihn wahr und bemerkst, dass dieser von einem Marktplatz kommt.

Dort angekommen siehst du viele mediterrane Gewürze und Speisen, die hier angeboten werden. Du erkennst Menschen, die sehr unterschiedlich aussehen. Menschen, die ganz in weiß gekleidet sind und Menschen mit einem

Turban. Du kannst auch Menschen erkennen, die aus dem europäischen Teil der Erde kommen. Sie haben Jeans und T-Shirts an. Viele Kulturen kannst du erkennen, die hier ihre Waren anbieten. Einige schreien sehr laut, um ihre Ware anzupreisen, andere Händler stehen ganz ruhig an ihrem Stand und lächeln freundlich.

Lass die Menschen in deiner Fantasie weiter wirken und beobachte sie. Nimm dabei den Duft der mediterranen Gewürze wahr. Lass dir einfach Zeit.

Du bist neugierig und gehst nun weiter abwärts zur Bucht. Du passierst eine kleine schmale Gasse und bemerkst, dass die Geräusche des Markts langsam verklingen. Doch mit jedem Schritt nimmst du den wunderbaren Klang des Meeresrauschen wahr. Du blickst auf Möwen, welche über dem Meer auf der Suche nach Essbarem sind.

Der Meeresgeruch wird immer salziger und erfrischender. Nach kurzer Zeit erblickst du einen wunderschönen, malerischen Hafen. Kleine Wellen schlagen rhythmisch an die Anlegestelle. Boote bewegen sich auf dem Wasser hin und her.

Die Sonne steht jetzt hoch oben am Mittagshimmel und die Fischer kehren nun von ihrem morgendlichen Fischfang zurück und langsam kommen die Boote in den Hafen. Darunter sind alte Fischerboote aus Holz in den unterschiedlichsten Farben. Bei einigen blättert schon die Farbe ab, da sie schon älter sind und vieles erlebt haben. Bei anderen Booten glänzen die Farben noch sehr frisch in der Sonne.

Suche dir einen schönen Platz und setze dich eine Weile hin. Schau dir den Hafen in aller Ruhe an. Achte darauf, wie die Fischerboote aussehen. Ob sie Segel haben oder ob es Motorboote sind. Fühle dich ein, in die Arbeit der Menschen dort. Nimm ihren Optimismus wahr, Erfreue dich an ihrer Fröhlichkeit und an ihrem lächeln.

Fühle auch ihre Gelassenheit. Atme die erfrischende Meeresluft über die Nase tief ein und über den Mund wieder aus. Mit jedem Einatmen nimmst du das Gefühl der Lebensfreude tief in dir auf. Entspanne dich und lass die Ruhe in dir aufkommen. Stell dir bildlich vor, wie du dort sitzt und immer mehr spürst, wer du bist.

Einer der Fischer winkt dir nach einer Weile zu und lädt dich auf sein Boot ein. Er hat ein größeres Fischerboot das sehr gut in Schuss ist. Er ist dir behilflich, wie du in das Boot steigst und sagt dir, dass du jederzeit wieder an Land gehen kannst, wenn du es möchtest.

Er wirft den Motor des Bootes an und wendet geschickt, dass ihr von einer Welle hinaus Richtung Meer getragen werdet. Hier spürst du, dass der Wind etwas stärker weht und wie erfrischend er dir und deinem Körper tut. Die Luft ist so rein und klar, dass du ein Gefühl der Freiheit und Unabhängigkeit hast.

Ein kleiner Fischschwarm begleitet euch auf eurer Fahrt. Du setzt dich vorne am Bug auf einen Platz und beobachtest und genießt das Meer. Sonnenstrahlen spiegeln sich auf der Oberfläche des Wassers, das es wie glitzern aussieht. Möwen, die über euch fliegen, kreisen um das Boot. Sie hoffen, einige Fische abzubekommen.

Der Mann, der dich zu dieser Bootsfahrt eingeladen hat, singt ein Lied aus seiner Heimat und pfeift ab und zu eine Melodie. Die Stimmung ist fröhlich und entspannt. Schließe deine Augen und stell dir innerlich vor, wie du die schöne Situation wahrnimmst und die Kraft und Lebensenergie dieses Ortes spürst. Nimm alles ganz und gar in dich auf. Vielleicht kommt dir in diesem Augenblick eine Frage in den Sinn, für die du schon immer eine neue Perspektive gesucht hast. Bleibe ganz entspannt und locker. Lass die Frage kommen und achte darauf, was für eine Botschaft dein Unterbewusstsein dir sendet.

Der Fischer deutet dir nach einiger Zeit an, dass er nun zum Hafen zurückkehren möchte. – Er wendet geschickt das Boot und ihr tuckert langsam und stetig in Richtung der Bucht. An der Anlegestelle angekommen, verabschiedet er sich von dir. Es wird nun auch für dich Zeit zu dem Orangenfeld zurückzulaufen.

Du durchquerst nochmal die Stadt und siehst die fröhlichen und zufriedenen Menschen. Weiter geht es durch die schmalen Gassen bis zur Anhöhe zurück. Du kannst dir noch eine Orange von den Bäumen pflücken und mit nach Hause nehmen. Nimm die Frucht in deine Hand, rieche den wunderbaren Duft und spüre die Oberfläche. Nimm all diese Sinneseindrücke voll und ganz in dich auf.

Es wird jetzt Zeit, aus deiner Fantasiewelt zurückzukehren. Lass dich begleiten von der Lebensfreude und Gelassenheit, welche dich dabei begleitet. Auch die Ruhe und Zufriedenheit der kleinen Hafenstadt sind in Dir verankert. Du fühlst dabei eine Kraft, welche dich erfüllt, sowie wohltuende Wärme und Entspannung. Verabschiede dich von diesem Ort, mit der Gewissheit, jederzeit wieder dorthin reisen zu können, wann immer du es willst.

Möglichkeiten

Den Alltag mit all seinen Facetten leichter nehmen. Leichtigkeit, Ruhe und Gelassenheit verinnerlichen. Für eine wichtige unbewusste Frage Lösungen finden.

Die magische Sandburg

Und während du träumst, kann es so sein, als ob sich Bilder vor deinem inneren Auge formen, Bilder, die dir vielleicht schon jetzt bekannt sind, oder die es noch werden. Vielleicht zuerst unscharf, doch mit jedem Wort dass du hier liest klarer und deutlicher werdend. Irgendwie auf eine ganz bestimmte Art und Weise näher und schärfer, so als ob du das Gefühl hast, mitten drin zu sein in diesen Bildern, die sich vielleicht aneinanderreihen und zu einem Film werden können. Einem Film, der davon handelt, dass du das erreichen kannst, was du erreichen möchtest, und du überrascht sein kannst, wie leicht, einfach, irgendwie von selbst das geschehen kann.

Und es kann so sein, als ob du dich auf deine eigene Art und Weise zu einem Ort hinbewegst, der dir vielleicht bekannt vorkommen kann oder neu ist. Der jedoch immer auf eine gewisse Art und Weise anders und angenehmer wird für dich, immer angenehmer und mit vielen für dich positiven Überraschungen verbunden ist. Und während du nun damit beginnst, oder es schon tust, auf deine eigene Art und Weise, vielleicht mit einem Flugzeug, vielleicht mit einem fliegenden Teppich, vielleicht einfach so zu fliegen, oder dich ganz anders dorthin zu bewegen, kannst du bemerken, dass dort in der Ferne, eine helle, goldene Landschaft auftaucht, eine Landschaft, die weit, weit weg liegt von dem, was du vielleicht bis jetzt kennst. Und je mehr du dich näherst, um so klarer werden die Sanddünen und dir wird klar, wie so vieles bewusst oder unbewusst dir in deinem Leben schon klar geworden ist, und dir wird weiterhin klar, dass diese Landschaft eine für dich angenehme Wüste ist. Und während du über diese Wüste hinausblickst, erkennst du in ungefähr drei Kilometer Entfernung das Meer, das blaue klare Meer, welches in der Sonne blitzt und funkelt und dort in sanften Wellen sich hin- und herbewegt.

Du bemerkst, während du beginnst, dich jenem gewissen Ort dort in der Wüste zu nähern, dass die Luft wärmer geworden ist und dass die Luft genau die Temperatur hat, in der du dich wirklich wohlfühlst. Während du nun fast schon dort angelangt bist, ist es so, als ob dich dort schon viele schöne Dinge erwarten, die du so formen kannst, wie du möchtest. Jetzt oder in einigen Augenblicken kannst du an jenem Ort in der Wüste an den Sanddünen landen und du stellst fest, dass das ein für dich sehr guter Ort ist, um wirklich spielen zu können, um wirklich Dinge auszuprobieren, um wirklich den Sand und Geschichten so zu formen, das du dort und überall so sein kannst, wie du sein möchtest.

Zufrieden, wie du nun bist, weil du wirklich all das hast, was du brauchst, um das zu schaffen zu können, was du möchtest, beginnst du nun eine Burg zu bauen. Eine große, feste Sandburg, und es kann so sein, dass diese Sandburg große Türme hat und ein Tor und Fenster, und du genau weißt, wie sich der Sand in deinen Fingern anfühlt, wie der Geschmack des Sandes angenehm auf deiner Zunge liegt und mit jeder Bewegung, die du machst, du diese Burg immer angenehmer und schöner machen kannst. Und als du nach einer Weile, und nur du selbst weißt, wann genau du die Burg fertiggestellt hast, dass du diese Burg immer weiter bauen kannst und es wirklich gut ist, dort in der Wüste eine Burg zu bauen und diese Burg so schön ist, wie du es dir wünschst. Es kann sogar so sein, als ob diese Burg überraschenderweise immer größer wird, oder wirst du immer kleiner?

Und du weißt, dass das gut so ist und du ruhig und locker erwarten kannst, was da Angenehmes geschieht, und dann kann es so sein, als ob die Burg so groß und wirklich ist wie im richtigen Leben, dass du jetzt lebst, und du bemerkst, dass die Mauern hoch und stark sind, und dass sich auf einmal das Burgtor für dich öffnet, das braune Burgtor mit seinen Spitzen.

Und dieses Tor wird für dich geöffnet und du gehst hinein, weil du erwartet wirst, von deiner Freundin, der Prinzessin. Sie hat lange braune Haare und trägt einen roten Umhang mit einem weißen Streifen unten dran und sie ist wirklich eine gute Freundin und ihr beide freut euch über euer Wiedersehen. Es ist schön, sich immer wieder begegnen zu können, wann immer ihr es euch wünscht. Ihr beide beginnt, das Schloss zu erkunden und beginnt einen dieser hohen Türme zu ersteigen und die vielen Treppen leicht und freudig hinaufzuspringen, um dann ganz oben stehen zu können, auf der Plattform des Turmes.

Als ihr dort oben steht, blickt ihr hinunter auf die vielen Dörfer, welche sich dort unten befinden. Darunter auch das Dorf, in dem du lebst und es ist schön, dass ein Junge aus dem Dorf dort oben auf dem Turm stehen kann, mit seiner Freundin, der Prinzessin. Ihr unterhaltet euch und schaut weiter hinunter und da seht ihr einen Zoo, der euch bis jetzt noch nie aufgefallen war und der jetzt dort unten ist. Ihr schaut hinunter und irgend etwas ganz Besonderes scheint sich dort zu ereignen. Du und die Prinzessin, deine Freundin, ihr geht den Turm hinunter durch das Burgtor nach draußen, weil ihr neugierig geworden seid, was da wohl vor sich geht.

Nach einer Zeit, die es eben manchmal dauert, kommt ihr zu dem Zoo. Und in dem Zoo gibt es viele, viele, Tiere und ihr seht die grünen Krokodile, die schönen großen Giraffen, die immer den Überblick über gewisse Dinge haben, die schnellen, schönen schwarzweiß gemusterten Zebras, die großen, starken Elefanten, auf die ihr euch setzen könnt, und die euch tragen, dorthin, wohin ihr wollt. Und dort, an einem bestimmten Platz in diesem Zoo, entdeckt ihr einen kleinen Hasen. Dieser Hase rennt immer hin und her, her und hin, von der einen Ecke bis in die andere Ecke. Kreuz und quer, rechts und links. Der kleine Hase scheint gar nicht glücklich über dieses Hin- und her-Gerenne zu sein. Und dieser kleine Hase macht auch die anderen Tiere schier verrückt mit seinem Hin-und-her-Gerenne.

Dann beobachtet ihr etwas ganz, ganz Erstaunliches. Auf einmal versteht ihr beide, weil deine Freundin eine

Prinzessin ist, die Tiersprache, und ihr hört, wie die Tiere miteinander sprechen.

Der starke Löwe: „Was dieser Hase wohl hat? Immer rennt er hin und her."

Der majestätische Adler: „Ob wir ihm wohl helfen können?"

Die kluge Eule: „Ja, wir können ihm helfen! Der kleine Hase braucht es sich nur wünschen"

Der kleine Hase hört dies, hält einen Augenblick inne und überlegt: „Ihr könnt mir helfen? Ihr habt ja recht, immer muss ich mich bewegen, immer muss ich irgend etwas tun. So gerne wäre ich ein ganz normaler, glücklicher Hase, der zufrieden seines Weges hüpft.

Weil es langsam zu dämmern begann und die Sonne ein schönes orangerotes Licht zu werfen beginnt, antwortet die Eule: „Ich rufe alle anderen Tiere hierher. Zusammen und mit der Hilfe der Sterne helfen wir dir. Und du brauchst während dieser Zeit einfach nur dazusitzen."

Erwartungsvoll und voller Vorfreude setzt sich der Hase hin und nur ab und an bewegt er hektisch seine Pfoten, merkt dies aber und setzt sich wieder ganz ruhig hin. Und die kluge und etwas hochnäsige Eule fragt den Hasen:

„Lieber Hase, wenn du wüstest, was du davon hast, von diesem Hin-und her-Gerenne, was glaubst du wohl, was das wäre? Aber vielleicht fällt es dir jetzt noch nicht ein, vielleicht später, bewusst oder unbewusst."

Da der Hase nicht so recht weiß, was bewusst oder unbewusst heißt, er der klugen alten Eule aber vertraut, überlegt er und antwortet: „Nun ja, durch dieses Gehopse bin ich mir immer sicher, dass mich jemand bemerkt."

„Aha" macht die Eule: „Wer von euch Tieren hat den noch eine Idee?" Und viele andere Tiere haben weitere Ideen, was der Hase den von seinem Gehopse hätte.

„Aha", macht die Eule, „..und weil ich schon sehr alt und klug bin, weiß ich, dass der Himmel die richtige Antwort schicken wird."

Der Hase kann damit nichts anfangen, doch als er hoch zum Himmel schaut, bemerkt er, wie sich eine Sternschnuppe vom Himmel zu lösen beginnt und genau auf ihn zukommt. Und ehe er sich versehen hat, hat ihn diese kleine Sternschnuppe ganz leicht am Kopf getroffen.

„Das gibt es doch gar nicht", denkt sich der Hase, blickt erstaunt auf den kleinen Stern und bemerkt, dass darauf eine Botschaft zu lesen ist. Und weil der Hase ein kleiner und sehr kluger Hase ist, liest er die Botschaft und beginnt zu verstehen. „Ach so, jetzt wird es mir klar!", jubelt er. „Darum glaubte ich also immer, so zappelig sein zu müssen."

Die Eule fragt weiter: „Nun, da du bewusst oder unbewusst weißt, was du davon hast, immer zappelig sein zu müssen, welche anderen Wege gibt es denn, das, was auf der Sternschnuppe steht, für dich einfacher, besser und gesünder erreichen zu können?"

Und wieder haben viele Tiere, viele, viele tolle Einfälle, und auch der kleine kluge Hase hat viele tolle Ideen, das, was er mit dem Gehopse erreichen will, auch anders erreichen zu können.

„Aber" meldet sich ein großer Brummbär, „Wenn er einen dieser Wege wählt, kann ich nicht mehr ungestört meinen Winterschlaf halten." - „Richtig", sagt die Eule, „Und deswegen bitte ich euch, dass ihr beide das, was ihr für euch erreichen wollt, auf einen Nenner bringt und zur beiderseitigen Zufriedenheit löst."

Sofort machen sich der Bär und der Hase daran, eine wundervolle Lösung zu finden, und es dauert auch genau die richtige Zeit und sie haben die Lösung gefunden.

„Gut so", sagt die Eule, „Und weil ihr die Lösung gefunden habt, kannst du, lieber Hase und könnt ihr, liebe Tiere, die Verantwortung für drei dieser Lösungen übernehmen, so dass ihr sie wirklich durchführen könnt, für, sagen wir mal, drei Wochen, und dass ihr dann eine, nämlich die beste Lösung, auswählt, so dass das Gehopse überflüssig wird und der Hase so sein kann, wie er sein möchte"

„Ja", erwidern die Tiere. Nur der Hase zögert, und ehe er sich versieht, trifft ihn wieder eine Sternschnuppe am Kopf, und er sieht die Botschaft, überlegt einen Augenblick und sagt dann: „Ja, natürlich kann ich unbewusst oder bewusst die Verantwortung dafür übernehmen. Es ist ja schließlich mein Leben."

„Prima", sagt die Eule, „Und jetzt findet drei Lösungen."

Und nach einiger Zeit, als die Tiere beraten hatten und die Eule ihren Kopf zwischen das Gefieder gesteckt hatte, sagt der Hase ganz freudig: „Jetzt habe ich die drei Lösungen gefunden!"

„Gut gemacht", antwortet die Eule. „Und jetzt, gibt es noch irgendwelche Einwände gegen diese Lösungen?"Da die Tiere und der Hase sich gut miteinander abgesprochen hatten, und sie die Fähigkeiten besaßen, gewisse Dinge gut auf ihre eigene Art und Weise zu regeln, sagen sie: „Nein, jetzt ist alles klar." „Gut", sagt die Eule. „Nun geht und probiert die beste aus und sorgt dafür, dass sie irgendwie ganz von alleine immer mehr und mehr die richtige und gesündeste und beste ist, so, dass der Hase das Zappeln vergessen kann."

Die Tiere und der Hase freuen sich, weil es jetzt dem viel, viel besser geht, und der Hase wird geliebt und geachtet für seine tollen Fähigkeiten und dafür, dass er da bei den Tieren ist. Und jeder grüßt den Hasen freundlich und freut sich, wenn er ihn sieht.

Und du und die Prinzessin freut euch mit dem Hasen und seid ein wenig überrascht und nachdenklich. Ihr geht zurück zur Burg, die auf euch wartet, und verabschiedet euch bis zum nächsten mal. Und wieder geschieht etwas Wundersames. Die Burg wird kleiner, oder du größer, und auf einmal sitzt du wieder dort in der Wüste und beginnst, auf deine eigene Art und Weise dich zurückzubewegen, nachdem du dir wirklich Zeit genommen hast, über das nachzudenken, was du erlebt hast oder auch nicht. Und die freust dich auf die vielen Überraschungen in deinem Leben.

Möglichkeiten

Lösungsmöglichkeiten des Hin-und-her-Gerennes im Leben. Was steht auf deiner Sternschnuppe?

Die Reise des Vogels

Eine junge Frau geht zu einem der Bäume und legt sich darunter ins weiche duftende Gras. Sie kann über die Wiese blicken mit den schönen bunten Blumen, die sich leicht im Wind bewegen. In der Ferne sieht sie den blau schimmernden Horizont. Sie macht es sich bequem im schönen Gras. Die Sonnenstrahlen wärmen ihren Körper und sie fühlt sich geschützt und sicher. Eine milde Brise streichelt über ihre Haut. Über sich sieht sie das Sonnenlicht, mit den sanft wiegenden Blättern spielend, die immer neue Lichtmuster zaubern. Dabei hört sie einen Vogel singen, zwitschernd, eine schöne Melodie.Ein anderer Vogel antwortet mit seinem Gesang. Sie sitzen über ihr in den Ästen. Sie lauscht eine Weile den Klängen und die Augen fallen ihr dabei zu. Die Vögel singen weiter, die schönsten Melodien. Sie weiß nicht ob sie träumt.

Jetzt kann Sie den Vogel jetzt ganz deutlich sehen. Sein wunderschönes Gefieder in bunten Farben, genau aufeinander abgestimmt. Er sitzt ganz sicher auf einem starken Ast und schwingt mit seinen Flügeln auf und nieder. Dreht sich ein wenig im Wind hin und her. Er hat jetzt aufgehört zu singen und scheint sich darauf zu konzentrieren, gleich zu fliegen. Und mit einem weiteren kräftigen Flügelschlag steigt der Vogel hoch hinaus in die Luft. Der Wind rauscht an ihm vorbei und er fühlt sich frei und glücklich. Dann schwebt er nach unten und fliegt über die Wiese. Unter sich sieht er seinen Schatten über die Wiese gleiten. Er sieht die Blumen und ihre Farben blau, gelb, rosa. Dann steigt er höher über die Bäume und sieht jetzt seinen Schatten über die Bäume gleiten, mit ihren unterschiedlichen Grüntönen und er genießt seine Bewegungen in der Luft. Er fühlt sich frei und selbstzufrieden in der warmen Sonne auf seinem Vogelkörper. Dann erblickt er in der Ferne seine Freunde in ihrem Schwarm und er fliegt zu ihnen. Sie begrüßen ihn, mit freudigem Zwitschern und Flügelschlagen. Der ganze Vogelschwarm kommt in Bewegung. Sie heißen ihn willkommen und er sucht sich einen Platz im Schwarm der Vögel. Manchmal fliegt er mehr am Rand, wo er einen besseren Überblick hat und manchmal mehr in der Mitte, wo es besonders geborgen und sicher ist.

Plötzlich hört er eine vertraute Stimme sagen: „Gehe dort hin, wo immer du dich am wohlsten fühlst, mit dir und den anderen. Du kannst deinen Platz jederzeit wechseln. Vielleicht geht dann eine bunte schillernde Bewegung durch den ganzen Schwarm. Es rauscht und zwitschert, bis du deinen neuen Platz gefunden hast. Und deine Freunde respektieren deine Veränderung. Du genießt ihr Vertrauen und ihre liebevolle Zuneigung. Deine Veränderung gibt ihnen vielleicht auch eine neue Perspektive."

Daraufhin verklingt die Stimme im Hintergrund und auf seiner Reise durch die Lüfte verändert sich der Schwarm immer mehr. Die Farben spielen anders zusammen.

Die Bewegungsmuster variieren, werden komplexer, reicher, beweglicher und jeder spürt, dass tiefe Vertrauen in die vielfältige Lebendigkeit. Manche wackeln lustig mit den Flügeln, während sie in der Luft tanzen, oder einfach im Wind dahingleiten und dem Singen zuhören.

Dann fängt die Stimme wieder an zu reden und begleitet ihn eine Weile auf seinem Flug: „Jetzt hast du deinen neuen Platz gefunden. Dort gibt es auch neue Begegnungen, neue Kontakte. Du nimmst dir Zeit, wo fühlst du dich hingezogen? Zu dem Farbenspiel eines bunten Gefieders, zu einem angenehmen Gezwitscher? Es ist aufregend, die neuen Kontakte und Beziehungen lebendig zu gestalten und mit ihnen zu spielen. Es liegt bei dir, wie weit du gehst. Verbunden mit deiner inneren Kraft bist du frei und unabhängig. Du kannst näher kommen oder dich entfernen, ganz so wie es dir gefällt. Du hast die Freiheit, zu entscheiden und zu handeln und du genießt das Zusammensein mit deinen Freunden. Die Farben, die sich im Sonnenlicht immer wieder verändern, wie sie strahlen und im dunkleren Licht, geheimnisvoll schimmern. Du fühlst dich in der Gemeinsamkeit geborgen, sicher und stark. Und das gibt dir die Kraft, bei dem langen Flug des Schwarms mitzuhalten und hin und wieder einen Abstecher zu machen, hoch hinauf in die Luft. Du kannst dich um deine eigene Achse drehen, mit überschäumender Lebensfreude und dann sehr rasch wieder in den Schwarm zurückkehren. Er bietet dir Schutz und schafft einen schützenden Raum, in dem du wachsen kannst, genährt und sicher. Tiefes inneres Vertrauen wird sich entwickeln und lässt dich mit Freude offen und gelassen auf andere zugehen. Warm und herzlich knüpfst du Kontakte. Du genießt die spielerische Leichtigkeit, die überraschenden und unerwarteten Momente. Die Tiefe und Vertrautheit im Austausch mit deinen Freunden. Mit jedem ist es anders. Diese Vielfalt spiegelt sich in deinen Beziehungen zu anderen. Lebendig und Mutig. Diese Beziehungen sind dir so wertvoll, dass du sie mit deinen Zuwendungen und mit deiner Liebe nährst". Und die Stimme schweigt einen Augenblick.

Ganz allmählich beginnt der Schwarm sich aufzulösen. Pärchen, kleine Gruppen und Einzelne fliegen weg. Die Zeit der Konzentration ist gekommen. Trennung von den anderen im Vertrauen auf neue Gemeinsamkeiten, wo jeder etwas Neues zu geben hat, gewachsen in der Tiefe des eigenen Seins.

Dann hört er wieder den vertrauten Klang: „Hier kannst du dich in Ruhe entwickeln, Unbekanntes entdecken und Zeit mit dir selbst verbringen. Deine Energie richtet sich nach deiner Ruhe zu intensiven Reinigungen. Überflüssiges kann verschwinden und du entwickelst dich neu. Innerer Reichtum wird sich in dir entfalten. Altes kann sich neu zusammen fügen in deiner inneren Zeit. Alleine erkundest du neue Gegenden, probierst andere Winde aus, entdeckst fremde Landschaften und du genießt es, mit dir allein durch die Luft zu fliegen und in den glitzernden Strahlen des Sonnenlichts zu tanzen. Ganz gelassen kommst du im Gleitflug an anderen Vögeln vorbei. Größeren und kleineren, mit einem pulsierenden warmen Gefühl in dir. Zuversichtlich und zufrieden. Und du lernst ganz neue Vögel kennen. Mit ganz unbekannten neuen Farbmustern. Mysteriös und interessant, fliegen sie aus dem Dunkeln ans Licht. Die Luft zieht an ihren Flügeln vorbei. Mit schnellen, eleganten Bewegungen drehen sie sich, hierhin und dorthin, in ihrer

Geschwindigkeit, in ihrem Rhythmus. Und du bewegst dich mit ihnen, entdeckst neue Gefühle, sowie lebendigen Austausch und aufregendes Zwitschern. Für eine Weile kann es schön sein, sich niederzulassen, ein Nest zu bauen. Sucht euch einen geschützten Platz, einen starken Baum, der das neue Heim sicher trägt. Eure kleinen brauchen eure Liebe und euren Schutz, eure Wärme und eure Pflege. Sie wachsen in diesem Nest, öffnen dort ihre Augen und entwickeln sich genährt durch euer Verständnis. Ganz hingegeben an eure Zuneigung. Ihr behütet ihre ersten Schritte und zeigt ihnen, wie sie ihre Flügel bewegen müssen, damit sie euch auf eurem Flug begleiten können".

Leise und leiser werdend, verabschiedet sich die Stimme schließlich und verschwindet immer mehr in der Ferne. Noch ganz erfüllt von diesen Worten, trifft der Vogel nach einer Weile auf seine Freunde. Und bei Einigen spürt er, dass er mit ihnen ein langes Stück gemeinsam unterwegs sein wird. Und sie sehen das Neue miteinander. Freuen sich über die Entwicklungen, die jeder in der Zwischenzeit erlebt hat. Er fühlt sich auch neu im Kontakt mit seinen alten Freunden. Ihre Begegnung hat jetzt mehr Weisheit. Sie öffnen sich mehr füreinander. Das Vertrauen vertieft sich. Ein warmes, schönes Gefühl bereitet den Boden für mehr Ehrlichkeit und Entspanntheit. Der Kontakt wird reicher, farbenfroher und mutiger. Weite breitet sich aus und neue Bekannte kommen hinzu. Er ist sensibel geworden für die Unterschiede und genießt das, was ihm jeder Einzelne zu geben hat. In diesem Zusammensein entdeckt er sich wieder neu. Unbekannte Facetten tauchen auf und werden lebendig, durchströmt von einem warmen Gefühl der Liebe und Zuneigung, dass seine inneren Kraftquelle mit einem besonderen Licht umgibt. Nach einer Weile machen sie sich wieder auf den Weg. Alte und neue Freunde. Eine neue Reise durch die Lüfte kann beginnen.

Und das Mädchen auf der Wiese weiß immer noch nicht, ob es geträumt hat oder alles wirklich erleben durfte.

Möglichkeiten

Sich auf jedem Standort im Leben wohlfühlen, selbstsicher sein, Neues mit Freude annehmen, anpassen und authentisch bleiben.

Zeitreise

Du befindest dich auf einer Wiese und riechst den Duft der Blumen und Sträucher. Mit deinen Händen greifst du in das einladende grüne Gras und hörst um dich herum die Vögel singen. Es scheint von der Jahreszeit her schon Anfang Sommer zu sein. Und es ist so, als ob du dich völlig frei, entspannt, gelöst und locker fühlst. Etwas weiter weg nimmst du eine Stimme wahr, welche dich auffordert, die Augen zu schließen, weil jetzt etwas wichtiges und positives in deinem Leben geschehen könnte. Da du schon immer neugierig warst, schließt du gleich oder in kurzer Zeit deine Augen und lässt dich auf die Einladung ein. Vor dir erscheint eine junge weibliche Gestalt, mit langen blonden Haaren und einem liebevollen Gesicht.

Es hat schon fast den Anschein, dass diese lichtvolle Gestalt einer Fee ähnelt. Sie spricht dich auch gleich an und sagt dir, dass du die Möglichkeit hättest, deine Zukunft selbst zu gestalten und einzurichten. Sie wäre eine Zeitzauberin und lädt dich ein, auf eine wunderbare Art und Weise deine Zukunft selbst zu erschaffen. Sie würde dich auf einer Reise in deine Zukunft begleiten und dir helfen, sie so zu gestalten, wie du es tief in deinem Herzen gerne möchtest.

Nachdem du bereit bist, dieses Abenteuer zu erfahren, bittet die Fee dich, dir vorzustellen, dass um dich herum ein Universum mit vielen Sternen entsteht. So als würdest du Nachts in den Sternenhimmel schauen. Und sie nimmt dich an die Hand und fliegt mit dir in entspannter Art und Weise immer höher von der Wiese weg. Je weiter du nach oben gleitest, desto näher kommst du in die wunderbare Welt des Sternenhimmels.

Die Zeitzauberin erklärt dir, dass du dir in Gedanken eine Fahne aufstellen sollst, was hier oben ganz einfach wäre. Mit der Bitte, dass du in die Richtung schaust, wo du glaubst, dort könnte deine Zukunft liegen. Die Fahne zeigt dir, wo sich deine Gegenwart befindet. Jetzt sollst du dir einen grünen, Strahl oder eine Linie vorstellen, welche in die Richtung deiner Zukunft führt. Und sie sagt zu dir: „Stell dir vor, dass es möglich ist, über dieser Linie in Richtung deiner Zukunft zu fliegen. Ganz auf deine Art und Weise. Langsam oder etwas schneller". Und da du eben schon immer offen für Neues in deinem Leben warst und bist, gehst du auf die Möglichkeit dieser ungewöhnlichen Reise ein.

Die Zeitzauberin sagt, dass du ihren Anweisungen nur folgen brauchst und bittet dich dabei, dass du deine Fahne jetzt aufstellen kannst. Sie sagt: „Nimm eine hübsche, große Fahne mit einer Farbe, die du magst. Ich möchte dich bitten, einen Faden zu nehmen und an deinen großen Zeh zu befestigen. Und während du das tust, mach das andere Ende an der Fahne fest, welche sich hier in der Gegenwart befindet.

Worum ich dich jetzt noch bitten möchte ist, dass du dich etwas über deine Zeitlinie begibst. Wir werden die Reise zusammen machen und du wirst dich ganz wohl fühlen dabei. Ich werde mit dir über deine Linie gleiten, wenn du dich jetzt oder in wenigen Augenblicken auf deiner Zeitlinie Richtung Zukunft bewegst. Wir werden verschiedene Stationen erreichen. Die erste, liegt drei Jahre deiner Zeit voraus. Du kannst die Stelle leicht erkennen, da dort ein weißes Licht erscheinen wird. Jetzt gleite auf der Linie Richtung Zukunft, so wie du es möchtest. Und wenn du an das erste weiße Licht gekommen bist, bleibe stehen.

Dort wo du das weiße Licht erreicht hast, findest du eine Tür auf der rechten Seite deiner Zeitlinie. Sie ist verziert mit kunstvollen Schnitzereien und lädt dich ein, sie zu öffnen. Das ist die Tür, die sich drei Jahre in deiner Zukunft befindet. Öffne sie und betrete den Raum, der sich hinter dieser Tür befindet. Das ist der Ort, indem du bestimmst, wie dein Leben in drei Jahren sein wird. Schau dir den Raum genau an. Wenn er dir zu klein erscheint, mach ihn größer, lass einfach die Wände sich nach hinten verschieben. Ist er zu dunkel, dann öffne die Fenster und lass die Sonne und den herrlichen Duft des Frühlings herein. Tausche Möbel aus, welche dich energetisch nicht ansprechen. Richte den Raum so ein, wie du ihn gerne hättest. Lasse dir Zeit dafür. Sei selbst ein Zauberer deiner Zukunft.

Und da du jetzt auch ein Zauberer bist, hast du die Magie in dir, deine Zukunft, mit allen deinen Zielen und Wünschen so einzurichten, dass es tatsächlich stattfinden wird". Und in dem Moment, wo die Zeitzauberin dies zu dir sagt, lösen sich die Wände langsam von selbst auf. Du kannst wie ein Zuschauer sehen, wie dein Leben in drei Jahren sein könnte. „Du selbst bestimmst jetzt, welche Berufung du in drei Jahren leben willst. Lass alle deine Ziele und Wünsche an diesem Ort entstehen und Wirklichkeit werden. Schau dabei zu, welche Menschen um dich herum sind. Wie soll dein familiäres Umfeld sein? Was machst du beruflich? Wie gestaltest du deine Freizeit? Wie begegnest du dir selbst? Welche Ausstrahlung hast du? Schau dir alles ganz entspannt an. Nimm den frischen Geruch dieses Ortes auf und atme tief durch. Tauche ganz intensiv in die Energie ein, wie dein Leben in drei Jahren sein soll.

Du siehst direkt vor der Tür einen kleinen Tisch, auf dem sich ein kleines braunes Holzkästchen befindet. Öffne den Deckel und schau auf den Gegenstand, der sich darin befindet. Er ist ein Symbol für das Gefühl, welches du in drei Jahren deiner Zukunft erfahren und fühlen wirst. Du darfst dieses Symbol, dass nur du erkennen kannst, mitnehmen. Nimm es an dich und begib dich wieder zur Tür, die jetzt so aussieht, wie du es dir wünschst. Sie kann ganz modern sein, oder romantisch, oder so wie sie gerade vor dir entsteht. Vielleicht glitzert sogar etwas Goldregen um die Türe herum. Gehe durch die Tür, komme zurück zum weißen Licht auf deiner Zeitlinie.

Schau wieder in Richtung deiner Zukunft und fliege auf dem grünen Strahl weiter nach vorne. Genieße die Reise auf deiner Zeitlinie. „Ich bin immer bei dir", sagt die

Zeitzauberin. „Lass dir Zeit und gleite langsam in deiner Art und Weise deiner Zukunft entgegen. Vielleicht kannst du jetzt schon das nächste weiße Licht sehen, dann bleibe dort stehen. Auch hier befindet sich auf der rechten Seite eine Tür, sie ist noch prächtiger und größer als die erste. Auch diesen Raum darfst du betreten", erklärt dir die Zeitzauberin. Du befindest dich hier fünf Jahre in deiner Zukunft. Da du ja jetzt selbst zu einem Zeitzauber geworden bist, kannst du auch hier alles so verändern, wie du es möchtest. Richte den Raum wieder nach deiner Energie und deiner Freude aus. Alles ist möglich, es gibt keine Grenzen", sagt die Fee. „Und da du ja ein Zeitzauberer geworden bist, erkennst du, wie sich auch hier die Wände auflösen und dir die Möglichkeit gegeben wird, deine Zukunft zu sehen, wie sie in fünf Jahren sein wird. Wie hat sich dein Beruf, deine Berufung entwickelt? Welche Menschen im privaten und beruflichen Bereich umgeben dich jetzt? Wo wohnst du? Welche Energie spürst du in dir? Wenn etwas nicht stimmig ist, dann verändere es einfach. Auch dazu hat ein Zeitzauberer die Macht", sagt die Fee. Sie lässt dich eine Weile in diesem Raum wirken. Lasse dir auch hier die Zeit, die du möchtest. Wie dein Blick zur Tür geht, die jetzt noch schöner wirkt, siehst du auch hier wieder einen kleinen Tisch mit einer kleinen Holzkiste darauf. „Wie du erkennen kannst, ist auch hier ein kleines Symbol für dich bereitgestellt worden. Auch dieses Symbol kannst nur du sehen. Nimm es an dich und behalte es bei dir", sagt die Fee.

Da du als Zeitzauberer bereits die Energien des Universums in dir spürst, gehst du selbst wieder zurück, durch die Tür zum weißen Licht auf deiner Zeitlinie.

„Bewege dich noch einmal in Richtung deiner Zukunft. Das nächste weiße Licht, welches du sehen wirst, befindet sich zehn Jahre in deiner Zukunft. Ich lasse dich jetzt alleine dorthin reisen und du wirst das Licht und die Tür selbst finden. Erfülle dir in diesem Raum alle Wünsche und Ziele, immer zum Nutzen von dir und deinem Umfeld. Mach diesen Raum zu einem Schloss und kenne keine Grenzen. Du wirst in der Mitte des Raumes ein großes goldenes Kistchen sehen. Auch dort liegt wieder ein Symbol, dass nur du erkennen kannst. Bleibe dort, solange du möchtest. Ich warte hier auf dich", sagt die Zeitzauberin.

Du reist weiter zum weißen Licht deiner Zukunft in zehn Jahren. Nur du weißt, wie du dort alles einrichten wirst, wie dein Leben in zehn Jahren sein wird. Du bist der Zauberer deiner Zeit. Und wenn du zurückkehrst, empfängt dich wieder die Fee und reist mit dir in die Gegenwart zurück. Dorthin wo du die Fahne aufgestellt hast. Du entfernst den Faden vom großen Zeh und von der Fahne. Die Fee dreht dich um, so dass du deine Zeitlinie noch einmal komplett sehen kannst. Plötzlich fällt vom Universum Goldregen auf die gesamte Linie. Du sieht, wie auf dieser Linie Blumen wachsen und sie immer mehr zu strahlen beginnt. „Das ist dein Leben, welches du eben neu eingerichtet hast", sagt die Fee. „Deine Symbole, die du aus jedem Zeitabschnitt mitgenommen hast, kannst du dir in deiner Gegenwart bewahren. Vielleicht machst du sie zur Wirklichkeit. Male sie und hänge das Bild an die Wand. Vielleicht kannst du sie in ähnlicher Art auch irgendwie erwerben und sie dort hinlegen oder aufstellen, wo du immer an deine Zukunft denkst", sagt dir die

Zeitzauberin, die so aussieht wie eine junge Fee mit langen blonden Haare und einem freundlichen Gesicht.

Ihr seit inzwischen sehr vertraut miteinander geworden und sie erklärt dir noch, dass du jederzeit auf deine Zeitlinie gehen kannst und deine Räume besuchen darfst. „Du kannst die Energien und dein Leben in der Zukunft mit einem Besuch genießen, oder sogar so verändern, wie du es möchtest", sagt die Zeitzauberin. Weiter sagt sie: „Du hast jetzt deine Zukunft besucht und sie neu gestaltet. Nichts und niemand kann dich nun von deinem Weg abbringen, denn du bist jetzt auch ein Zeitzauberer". Sie fügt noch hinzu: „Und wenn ich dich begleiten soll, brauchst du nur nach mir zu rufen. Ich bin sowieso immer in deiner Nähe. Du brauchst nur deine Augen zu schließen um zu sehen".

Und du schaust noch einmal auf deine Zeitlinie mit den drei weißen Lichtern. Dann nimmt die Fee deine Hand und gleitet mir dir aus dem Universum hinunter zur Wiese, auf der du warst, bevor deine Reise in die Zukunft begonnen hat. Die Fee sagt zum Abschied: „Prüfe jetzt sehr sorgfältig, ob du mit deiner Wahrnehmung und Aufmerksamkeit wieder im hier und jetzt auf der Wiese bist. Schau dich hier um, um wahrzunehmen, dass du dich wieder in der Gegenwart befindest. Vielleicht hast du ja Lust und Zeit, die Eindrücke deiner Reise jetzt, oder etwas später wirken zu lassen. Vielleicht schreibst du ja alles auf, was du in den drei Räumen deiner Zukunft erlebt hast". Mit diesen Worten verschwindet die Fee wieder und gibt dir einen Kuss auf deine Augen, die sich jetzt wieder öffnen. Als du die Wiese wieder verlässt hörst du in der Ferne noch eine Stimme, welche dir zuruft: „Genieße deine Zeit".

Möglichkeiten

Tipp: Bevor du diese Reise antrittst, wäre es von Vorteil, wenn du weißt, welche Ziele und Wünsche du in drei, fünf und zehn Jahren erreichen möchtest. Gestalte deine Zukunft und nutze diese universelle Lebensplanung.

Kleine Auszeit

Ich lade dich ein, mir in deiner Fantasie zu folgen. Es ist ein schöner Sommertag. Die Temperatur ist für dich optimal, genauso wie du es magst. Du befindest dich an einem See, welcher sich direkt an einem kleinen, gemütlichen Hafen befindet. Hier liegen kleine Segelboote und Jollen. Paddelboote liegen direkt am Steg und warten darauf genutzt zu werden. Der Hafen und das Ufer sind von kleinen, gemütlichen Cafés eingerahmt. Du atmest tief ein. Es liegt ein Geruch von Kaffee in der Luft und es dringt in einer angenehmen Lautstärke Lounge-Musik in dein Ohr. Besucher entspannen sich in Sitzsäcken und es wird viel gelacht! Du fühlst eine gelöste Urlaubsstimmung um dich herum. Spontan entscheidest du dich, den See auf dem Kajak zu erkunden.

Du gehst zum Steg. Dir wird eine Schwimmweste gereicht und du ziehst sie über. Leicht schmiegt sie sich an deinem Oberkörper an und deine Vorfreude auf diesen Kurztrip breitet sich immer mehr in deinem Inneren aus. Du setzt dich auf den Steg, gleitest mit deinen Beinen in den Innenraum des Kajaks und schon sitzt du, dabei schenkst du dir Zeit und überprüfst deine Haltung. Anschließend stößt du dich behutsam mit dem Paddel vom Steg ab und beginnst zu paddeln. Rechts-links, rechts-links. Es dauert vielleicht einen Moment, bis du deinen Rhythmus findest. Der Fokus verlagert sich. Das Paddeln erlangt einen Automatismus und jetzt nimmst du dein Umfeld viel intensiver wahr. Du beobachtest das Ufer mit seinen Sträuchern und Bäumen. Schau dir das Wasser bewusst an. Welche Farbe hat es? In der Ferne gleiten die Segelschiffe sachte über das Wasser. Atme tief ein und aus.

Mit jedem Atemzug verblasst dein Alltag und du genießt diese wunderbare Umgebung. Eine kleine Auszeit…, einfach mal nichts tun. Du genießt das wunderbare Wetter. Der Himmel ist blau und zwischendurch schieben sich Wolken vor die Sonne. Es ist genau das Wetter, so wie du es magst. Wie gut sich doch die Sonnenstrahlen auf deiner Haut anfühlen. Zwischendurch verspürst du kleine Wasserspritzer auf deiner Haut. Du fühlst dich erfrischt und voller Energie. Das Eintauchen des Paddels im Wasser hinterlässt ein leises, sanftes Plätschern in deinen Ohren. Du stellst erstaunt fest, je gleichmäßiger du paddelst und dabei deinen Rhythmus findest, umso kontinuierlicher gewinnst du an Geschwindigkeit.

Die Landschaft zieht unmerklich an dir vorbei. Zugleich verspürst du einen angenehmen, lauen Wind auf deinem Körper, der ein Wohlgefühl auf deiner Haut hinterlässt. In der Ferne siehst du eine Schwimmplattform, die du sofort zu deinem Ziel erklärst. Nach einiger Zeit hast du die Plattform fast erreicht. Du verringerst merklich deine Geschwindigkeit und lässt dich geschickt mit wenigen Paddelschlägen an die Plattform treiben. Du steigst aus dem Kajak aus und bindest es an die vorgesehenen

Halterungen. Dabei fällt dir die Ladeluke auf, in die du hineinschaust. Darin befindet sich eine geschmeidige Decke, die du spontan herausnimmst und sie auf der Plattform ausbreitest. Du legst dich darauf. In vollen Zügen nimmst du diese wunderbare Umgebung in dir auf. Hörst das leise Plätschern des Wassers an der Plattform. Es verursacht ein kaum merkliches Schaukeln. Es fühlt sich an, als würdest du sanft in deine Entspannung gewogen.

Etwas weiter weg fliegen Enten über den See und machen sich durch leises Schnattern bemerkbar. Du atmest tief ein und aus und lässt alles hinter dir. Der Duft von Holz und dem Wasser dringt sanft in deine Nase. Während du hier liegst, spürst du, dass dein Körper gut in Bewegung gewesen ist. Deine Muskeln beginnen zu entspannen und es breitet sich eine wohlige Schwere in deinem Körper aus. Du bist ganz ruhig und entspannt. Wunderbar ruhig und entspannt. Deine Gedanken können jetzt ganz sanft fließen. Du genießt diesen Augenblick an diesem wunderbaren Ort. Lass dir Zeit, solange wie du möchtest, hier zu verweilen.

Aus der Entfernung vernimmst du Stimmen und hörst wie ein Segel umschlägt. Langsam öffnest du deine Augen und beobachtest den See. Ein Segelboot steuert auf die Plattform zu. Scheinbar möchten auch noch andere Personen in diesen schönen Genuss kommen. Somit stehst du auf, packst deine Decke in das Kajak, gleitest hinein und machst dich ganz entspannt und mit Leichtigkeit auf den Rückweg. Geradewegs geht es Richtung Ausgangspunkt. Erstaunlicherweise bist du mit deinen Gedanken weiterhin im Hier und Jetzt. Fühlst dich voller Energie! Während du am Steg anlegst, dringt die

Entspannungsmusik an deine Ohren und du vernimmst zugleich wieder diese gelöste Stimmung der Besucher an diesem Ort.

Möglichkeit

Eine kleine Auszeit vom Alltag. Das Schöne an dieser Pause ist, dass du sie jederzeit ohne großen Aufwand wann immer du es möchtest, wieder in dieser Art und Weise genießen kannst.

Geheimnisvoller Garten

Gegen Abend wird die Luft wieder frischer und der Gärtner macht in der Dämmerung einen Spaziergang durch seinen Garten. Die Blumen duften wunderbar. Die Erde riecht würzig und vertraut. Und er sieht, wie gut sich alles entwickelt. Er lässt seinen Blick über die Pflanzen schweifen und ein warmes, zufriedenes Gefühl breitet sich in ihm aus, als er sein Werk betrachtet. Er ist jetzt schon eine ganze Weile damit beschäftigt, diesen Garten zu gestalten. Die Arbeit ist für ihn sehr erfüllend und macht ihm viel Freude. Als er gerade überlegt, wie es jetzt weiter gehen soll, erblickt er einen großen Stein unter der ausladenden Eiche. Und er setzt sich hin und lehnt sich an den breiten Baumstamm, um etwas auszuruhen. Der Abendgesang eines Vogels begleitet seine Gedanken und mit einem tiefen Atemzug lässt er noch einmal seine bisherige Arbeit vor seinem inneren Auge vorbeiziehen. Wie er das Gelände zum ersten Mal gesehen hat und wie gut ihm die Aufteilung in Nutzgarten und Blumengarten gelungen ist.

Ihm ist bewusst, dass er immer wieder aus seinen Fehlern gelernt hat. Er denkt auch an seine Auswahl der schönen Pflanzen. Wie er so da sitzt und tagträumt, erinnert er sich, wie sehr er als kleiner Junge die Pflanzen geliebt hat, wie er mit ihnen sprach und genau wusste, was sie brauchten.

Er war damals sehr klein und die Pflanzen waren viel größer. Er sieht wieder seine kurzen Hosen und die kleinen Schuhe und spürt, wie er herumlief und mit den Blumen spielte und wie er mit seinen kleinen Händen über die Blüten strich und an ihnen roch. Und der Gärtner spricht zu sich: „Wie nützlich wäre es, einmal wieder so klein zu sein und direkten Kontakt mit den Pflanzen aufnehmen zu können. Das würde mir bei meiner Aufgabe sehr helfen. Wie kann ich es nur zustande bringen?"

Und wie der Gärtner so vor sich hinträumt, zupft etwas an seiner Schürze. Plötzlich steht neben ihm eine kleine Elfe an dem Stein. Erstaunt fragt er: „Wo kommst du denn her?" Die kleine Elfe spricht: „Du hast so intensiv an mich gedacht, da konnte ich nicht umhin, Gestalt anzunehmen. Gib mit nur deine Hand". Und etwas zögernd ergreift der Gärtner die kleine warme Hand. Ein angenehmer, wohltuender Energiestrom fließt in seine Arme und in seinen ganzen Körper. Ein sonderbares Gefühl durchströmt ihn. Auf wundersame Weise ist er plötzlich so klein, dass er zu den Pflanzen aufschauen kann. Die freundliche kleine Elfe hält ihn weiter an der Hand und sie spazieren in den Garten hinein. Der Gärtner fühlt sich ganz sicher und geborgen. Er fühlt sich sehr wohl, zwischen den Pflanzen in ihren unterschiedlichen Farben und Formen. Wie sie so umherlaufen, hören sie ein Raunen und Wispern. Auf seinem erstaunten Gesichtsausdruck hin, sagt die Elfe: „Höre nur eine Weile

zu. Dann wirst du verstehen, was sie dir sagen wollen".
Und tatsächlich vernimmt er bald darauf neben sich eine
Stimme: „Wie ist das eng hier, ich habe nicht genug
Platz". Da sieht der Gärtner nun mit einem Blick, dass
hier die Pflanzen zu eng stehen. Er verspricht ihnen, bald
Abhilfe zu schaffen. Als sie weitergehen, bemerkt er auf
einmal eine heftige Bewegung neben sich und ein Blatt
fällt fährt ihm in sein Gesicht. Da zischelt es auch schon:
„Immer streiten wir uns, wir passen einfach nicht
zusammen. Bitte Gärtner setze mich woanders hin." Und
der Gärtner antwortete der Pflanze: „Du hast wohl Recht,
aber beruhige dich, der Garten ist ja groß genug. Wir
finden sicher den richtigen Platz für dich".

Und so bemerkt er viele Dinge, die ihm mit seinem
gewohnten Blick nicht aufgefallen sind. Hier ist zu wenig
Erde für die feinen Wurzeln, dort muss ein Wasserlauf
verändert werden, damit die Pflanzen genug Nahrung
bekommen.

Einige der jungen Pflanzen müssen schnell von ihren
Stützhölzern befreit werden, damit sie gerade
weiterwachsen können. Viele Pflanzen begrüßen ihn sehr
freundlich und bedanken sich für die gut Pflege, oder für
die gute Nachbarschaft, oder für den schönen Standort, an
dem sie so gut gedeihen. Und der Gärtner dankt auch den
Pflanzen und verspricht ihnen, sie von jetzt an immer und
immer wieder zu besuchen. Denn die freundliche kleine
Elfe hatte ihm gesagt, sie sei immer zu Diensten, wenn er
sie bräuchte. Er weiß ja jetzt, wie er sie rufen kann. Am
nächsten Morgen macht sich der Gärtner sofort an die
Arbeit und bringt alles ins rechte Lot. Wenn er nicht mehr
weiter weiß, spitzt er die Ohren, schließt die Augen und
lauscht eine Weile, bis er versteht, was zu tun ist.

Ganz entfernt vernimmt er etwas, dass wie ein fröhliches Singen klingt. Und obwohl es windstill ist, bewegen sich die Pflanzen langsam hin und her. Der Gärtner lächelt zufrieden und geht an diesem Abend müde aber glücklich nach Hause. Als er in dieser Nacht im Bett liegt, vernimmt er das beruhigende Rauschen der Bäume vor seinem Fenster. Der Wind bläst leicht durch die Blätter und mit diesem Geräusch entspannt er sich leicht und angenehm. Er atmet ein paar mal tief ein und aus und schläft dabei in Gedanken an seinen Garten ein. Allmählich gleitet er in einen Traum. Das Geräusch des Windes wird etwas stärker und er spürt ihn jetzt in seinem Kopf und an seinem Körper.

Als er an sich heruntersieht, bemerkt er, dass er auf einem großen Vogel sitzt, einem Adler, der eben zum Flug ansetzt. Er spürt die zuverlässige Kraft in seinen Schwingen und steigt mit ihm auf in die Luft. Höher und höher. Dann segelt er auf einem Abwind wieder hinunter, über seinen Garten hinweg. Von so hoch oben, sieht er den Garten mit ganz anderen Augen. Er schaut sich alles an und sieht ihn zum ersten mal als Ganzes. Dabei fällt ihm auf, dass die kleine Baumgruppe im Süden nicht so recht zu den Büschen passt. Er sieht auch, das sich die farbliche Zusammensetzung des Blumengartens noch sehr verbessern lässt. Er dreht ein paar Runden über seinen Garten und stellt fest, dass sein gesamtes Muster an manchen Stellen nicht stimmt. Aber an anderen Stellen sieht es wiederum wundervoll aus.

Aus dieser Perspektive kommt er zu einer besonderen Geltung. Von oben kann er leicht überblicken, was zu tun ist. Er erkennt mehrere Möglichkeiten, eine

Gesamtharmonie in seinem Garten herzustellen. Darüber freut er sich sehr, im Traum.

Als er am nächsten Morgen aufwacht, erinnert er sich wieder an die Inspiration seines Traumes. Bevor er es vergessen kann, zeichnet er schnell alles auf ein großes Blatt Papier, aus der Vogelperspektive. Und er sieht den Garten wieder aus der Vogelperspektive. Er hält das Blatt von sich weg, lässt seinen Blick ganz weich werden, blinzelt ein paar mal und aus seinem Blick wird ein Überblick. Die Konturen werden ein ganz klein wenig unscharf und er sieht seinen Garten wieder als Ganzes. Vertrauen und Zuversicht steigen in ihm auf. Er weiß jetzt, es wird ihm gelingen, diesen Garten nützlich und schön zu gestalten und sein Werk zu Ende zu führen.

Dann macht er sich voller Freude daran, alle Details einzuzeichnen, die er ja jetzt gut kennt. Er braucht nur seine Augen zu schließen, dann sieht er die einzelnen Pflanzen wieder vor sich, die er besucht hat . Er hört wieder, was sie ihm zu sagen haben. So weiß der Gärtner jetzt, was jede einzelne Pflanze braucht. Welcher Standort ihr Wachstum am besten fördert. Die einzelnen Pflanzenarten, die Sträucher, die Blumenbeete, die Bäume, fügen sich zu Flächen zusammen. Sie bilden mit andersartigen Flächen ein harmonisches Bild miteinander, oder einen belebenden Kontrast. Mit dem weichen Blick betrachtet, sieht es aus wie ein Bild in den unterschiedlichsten Farbtönen und Ausformungen. Nach einer Weile ist der Gärtner zufrieden mit seinem Bild.

Nachdem er jetzt alles innerlich so intensiv durchlebt hat, weiß er, dass die Hauptarbeit getan ist und das ihm die Umsetzung leicht von der Hand gehen wird. Dankbar erinnert er sich noch einmal an die kleine freundliche Fee und den großen starken Vogel, die ihm beide auf ihre Art eine neue Sichtweise für die Lösung seiner Aufgaben zeigten.

Möglichkeiten

Zu viele Gedanken am Tag? Zu viele Probleme und Aufgaben? Mache Platz in deinem Unterbewusstsein. Teile die Gedanken anders ein. Erkenne die momentane Lebenssituation auch mal aus einem anderen Blickwinkel (Vogelperspektive). Mache Platz für Dinge, die Dich zu sehr beengen. Sei dankbar für die gelungenen Momente im Leben.

Tanz des Lebens

Als die junge Frau in der Ferne eine Lichtung erblickte, hat sie schon eine lange Wanderung hinter sich. Ihr Weg ging durch Täler, in dem sie verborgene Quellen fand. An diesen Quellen rastete sie, sammelte neue Kräfte und erfrischte sich. Und neu gestärkt lief sie durch Wälder, hörte dem geheimnisvollen Rauschen der Bäume zu und lehnte sich an deren Rinde und spürte, wie angenehm und sicher es ist, tief mit der Erde verwurzelt zu sein. Sie fühlte, wie es ist ‚fest auf dem Boden zu stehen und aus diesem schützenden Raum heraus, die zarten grünen Blätter zu entfalten. Dann wanderte sie weiter, über einen hohen Berggipfel, wo sie weit schauen konnte, bis zum Horizont. Sie nahm die klare frische Luft wahr und eine großen Stille, die sie auch innerlich öffnete. Neuer Raum entstand für neue Gedanken, neue Blickwinkel und neue Vorstellungen. Abends saß sie dann an einem wärmenden Feuer und bereitete ihr Essen zu. Geborgen und warm und mit einem Gefühl von Zuversicht stellte sie sich im Schein des Feuerst vor, wie schön es wäre, wieder anderen Menschen zu begegnen.

So läuft die junge Frau jetzt in die Richtung eines schönen Platzes, der von Bäumen umgeben ist. Von dort aus sieht sie in der Ferne Rauch aufsteigen und Menschen, die sich bewegen. Langsam kommt sie näher und näher und bleibt bei einer Baumgruppe am Rand der Lichtung stehen. Sie hört Musik und Stille und leises Lachen. Sie fühlt sich etwas ängstlich und zurückhaltend und schaut erst mal zu, wie sich die Menschen um ein Feuer herumbewegen und tanzen. Scheinbar auf eine ihr unbekannte Art und Weise.

Männer und Frauen unterschiedlichen Alters tanzen alle zusammen, umgeben vom Gleichklang des Rhythmus und der Gefühle, die sich in ihren Gesichtern und Bewegungen widerspiegeln. Das ermutigt die junge Frau und sie geht näher heran.. Die freundlichen Gesichter der Tanzenden laden sie ein. Die anmutigen Drehungen gefallen ihr und sie kommt noch ein Stück näher Sie betritt auf der Lichtung den Rand des tanzenden Kreises, deutlich sichtbar für alle. Die Klänge der Musik erfassen die junge Frau und sie fängt an sich im Rhythmus der Musik allmählich hin und herzubewegen und die Melodie mit zu summen. Und sie fühlt sich wohl. Die Bewegungen lassen ihr Selbstvertrauen wachsen und sie freut sich jetzt, dass sie hierher gekommen ist.

Als sie sich so hin und herdreht, bemerkt sie, wie sich eine Gestalt aus der Gruppe löst und auf sie zukommt. Freundlich lächelt die Person sie an und lädt sie mit einer Geste ein mitzutanzen. Noch etwas unsicher lässt sie sich in den Kreis der tanzenden Menschen führen, nimmt den Rhythmus auf und beginnt mitzutanzen. Plötzlich steht sie vor einem jungen Mann. Er zeigt ihr Schritte, die ihr irgendwie bekannt vorkommen und doch immer wieder ganz ungewöhnlich neu kombiniert werden. Sie stimmt sich auf seine Drehungen ein. Hierhin und dorthin. Sie tanzen aufeinander zu und voneinander weg. So, wie es ihnen angenehm ist. Dabei vertieft sie ihre Einfühlsamkeit füreinander und auch für sich selbst. Im Gesicht des Partners spiegelt sich die Freude der jungen Frau. Dann wechseln die Menschen und sie tanzt jetzt in einer Gruppe. I

In der Gruppe werden die Schritte neu variiert. Sie fühlt sich langsam in die Bewegungen der anderen ein. Sie schauen sich an und sie spürt, wie sie auch teil der gemeinsamen Bewegungen wird, die wie ein Duft über ihnen liegt und sie miteinander verbindet. Die junge Frau wird immer fröhlicher und ausgelassener, je mehr sie von den anderen aufnimmt.

Dann spürt sie das Verlangen eine Weile alleine zu tanzen und lässt sich von der Musik tragen. Ihre Schritte werden immer schneller und sicherer. Und nach einer Weile steht eine ältere Frau vor ihr und zeigt ihr, wie sie im Tanz ihre Gefühle ausdrücken kann und wie ihr ganzer Körper vor Freude tanzen kann. Die junge Frau beginnt verschiedene Gefühle im Tanz zu verwirklichen. Stärke, Verletzlichkeit, Vertrauen, Zuwendung. Dabei lernt Sie, ihre ganze Energie in Gefühle in den Tanz hineinzulegen.

Es tut ihr gut, ehrlich zu sein und offen. Sie fängt an, ihre eigenen Schritte in den Tanz hineinzubringen. In den Bewegungen entwickelt sie immer mehr ihren eigenen

Stil. Im Gesicht der Frau kann sie sehen, wie echt ihr eigener Ausdruck ist. Die Frau spiegelt ihr jedes Gefühl wieder. In ihrem Tanz verwandeln sich die Empfindungen für sie immer wieder. Diese verlieren ihre Intensität und harmonisieren sich. Zwischen den Tanzenden entsteht eine neue Verbindung, die nun alle noch mehr und besser trägt.

Ganz allmählich wird der gemeinsame Tanz langsamer und ruhiger. Ein Lächeln liegt auf dem Gesicht der jungen Frau, denn sie fühlst sich sehr beruhigt. Eine kühle Brise erfrischt die erhitzten Tänzer, die sich jetzt alle an die Arme fassen und sich zu der schönen Musik sanft hin und herbewegen. Die junge Frau fühlt sich geborgen und aufgehoben. Ein warmes Gefühl von Vertrauen breitet sich in ihr aus. Alle setzen sich nun ins Gras um sich auszuruhen. Ein schöner Sternenhimmel steht über der Lichtung. Das Feuer verglüht allmählich und die Tanzenden schlafen ein. Die junge Frau beginnt zu träumen.

Und sie träumt, dass sie aus der Lichtung heraustritt und sich mit den anderen zusammen in einer neuen Landschaft befindet. Sie tanzen zu einem Fluss hin, an dessen Ufer Bäume mit duftenden Blüten stehen. Zum Plätschern des Wassers tanzen sie mit leichten beschwingten Schritten um die Bäume herum. Dann sieht sie auch andere Menschen am Rand stehen und bemerkt wie sie zusehen. Sie geht auf einzelne zu und lädt sie ein, in den Kreis zu kommen und mitzutanzen. Sie spürt die Unsicherheit dieser Menschen und ermutigt sie, mit einem freundlichen Lächeln. Sie weiß ja, dass sie alle sich bald wohlfühlen werden und im Tanz wertvolle Dinge lernen und den anderen Menschen näher kommen werden.

Den ersten Tanz beginnt sie mit einem jungen Mann. Aufeinander zu und voneinander weg genießen sie es, sich miteinander unter dem angenehmen Duft der Bäume zu bewegen. Lachend und fröhlich können sie im Gesicht des Anderen ihre Freude sehen.

Als die junge Frau am nächsten Morgen aufwacht und sich langsam umschaut, erinnert sie sich wieder an die Erlebnisse des vergangenen Abends. Ein warmes und weites Gefühl strömt durch ihr Herz und lässt sie zufrieden lächeln. In tiefer Dankbarkeit betrachtet sie die Anderen, die jetzt aufwachen und sie macht sich bereit für ihren Weg.

Liebevoll verabschiedet sie sich von den anderen, die sie einladen, doch jederzeit wiederzukommen und mit ihnen zu sein. Dann wandert sie weiter mit beschwingtem Schritt und schlägt eine Richtung ein, die sie wieder nach Hause führt, in ihr Haus am Fluss, dass sie jetzt eine Weile nicht gesehen hat. Dann sieht es sie wieder vor sich. Das Dach und die Fenster mit ihren Blumen, die Wiese davor mit ihren kleinen Bäumen, die sie selbst gepflanzt hat und sie freut sich auf ihre Familie, ihre Freunde und Freundinnen, mit denen sie wieder gemeinsam lachen wird. Bei dieser Vorstellung schlägt ihr Herz schneller vor Freude und Aufregung, wieder heimzukehren, mit dem warmen, herzlichen Gefühl aus dem Kreis der Tänzer in sich.

Und sie ist gespannt, wie die Anderen auf sie reagieren werden. Ob ihnen eine Veränderung auffällt, ob sie so einfach wieder aufgenommen wird. Und so in Gedanken versunken erreicht sie ihre Heimat. Auf dem Weg zu ihrem Dorf, hört sie auf einmal Stimmen und Schritte. An der nächsten Ecke kommen ihr Menschen entgegen. Da fängt ihr Herz wieder an zu klopfen. Sie fühlt sich wieder ein wenig scheu. „Was soll ich tun?" Doch die Leute kommen ganz freundlich auf sie zu. Sie erkennt Bekannte aus ihrem Dorf. Sie bleibt stehen und atmet tief durch. Ein Bild des Tanzes zieht vor ihrem inneren Auge vorbei. Das beruhigt ihr Herz und ein warmes stärkendes Gefühl breitet sich in ihr aus. Sie kommt einen Schritt näher und begrüßt die Menschen, die sie erst jetzt wiedererkennen. Ihr Gruß löst eine Welle freudiger Überraschung aus und ihre Bekannten möchten wissen, was sie alles erlebt hat. Und das wird sie ihnen gerne mitteilen.

Möglichkeiten

Tipp: Nachdem Du die Geschichte gelesen hast, mache Dir die für Dich jetzt passende Musik an und tanze. Lass los und gehe in die Gefühle der jungen Frau in dieser Geschichte rein. Finde Dein inneres Gleichgewicht, Deinen inneren Rhythmus und die Leichtigkeit in Dir. Tanze aus Deinen Grenzen.

Wanderung

Du kannst vielleicht spüren, wie du durch die Nase einatmest. Wie der Atem in deine Nase einströmt und wieder heraus. Keine große Geschichte, ein und aus. Wie angenehm und entspannend das sein kann. Es gibt gerade auch nichts Wichtiges zu tun. Entspanne dich und lass dich auf diese Geschichte ein.

Stell dir jetzt vor, dass du in einem Wald bist. Vielleicht ist es ein Wald, den du sogar schon kennst. Du kannst den Wald auch einfach so erfinden. Lass ihn entstehen vor deinem inneren Auge.

Du siehst, wie durch den Wald ein schmaler Weg führt. Dieser Weg führt hinauf auf einen Berg. Du kannst langsam in deinem eigenen Tempo und in deiner eigenen Art und Weise den Weg entlang gehen. Am Wegesrand siehst du einige Blumen wachsen. Vielleicht kannst du sie riechen, vielleicht möchtest du sie einmal berühren.

Der Weg führt langsam den Berg hinauf. Es läuft sich sehr angenehm und leicht. Die Luft ist klar und das Wetter sehr angenehm, so wie du es immer am liebsten hast. Du fühlst dich frei und voller Liebe zur Natur. Hinter einer Biegung geht der Weg auf eine freie Fläche über. Dort ist die Stelle, welches dein Ziel war und wo du hinwolltest.

Hier machst du es dir gemütlich und suchst einen schönen Platz, an dem du dich hinsetzten möchtest. Du nimmst deinen Rucksack vom Rücken und legst ihn vor dich hin. Dann öffnest du den Rucksack und bist angenehm überrascht, denn aus ihm kommen plötzlich kleine Gestalten heraus. Diese Gestalten stellen sich als deine Persönlichkeitsanteile vor. Sie sagen dir, dass sie dich immer begleiten.

Einer stellt sich als dein inneres Kind vor. Ein anderer als Teil deiner inneren Kritiker und wieder eine andere Gestalt erzählt dir, dass sie der Persönlichkeitsanteil ist,der dich immer antreibt. Dann kommen noch dein ängstlicher und dein mutiger Teil zum Vorschein. Sie haben sich alle vor dir auf dem Platz versammelt.

Sie sagen dir, dass du jetzt die wunderbare Möglichkeit bekommst, ohne diese Teile deine Wanderung fortzusetzen. Denn du selbst wärest ja kein Teil. Du bist ja das Ich, und dieses beobachtet alle Teile, die plötzlich alle durcheinander reden. Sie haben schon ein bisschen Bammel davor, dass du sie hier einfach zurücklassen könntest.

Du erklärst ihnen voll Liebe, dass du jetzt alleine deine Wanderung fortführen wirst. Sie sollen hier bleiben und auf deine Rückkehr warten. Denn du würdest ja wieder zurückkommen und sie dann alle wieder in den Rucksack nehmen.

Jetzt gehst du alleine weiter. Ein Weg, den noch niemand gegangen ist, führt dich geradeaus. Vielleicht kannst du ihn unter deinen Füßen sogar spüren. Es ist ein Weg zu einem ganz besonderen Berg, den außer dir noch niemand betreten hat.

Die Bäume um dich herum werden langsam weniger. Du läufst immer weiter und hörst in der Ferne Wasser rauschen. Du kommst an einen kleinen Bach, läufst an das Ufer und schaust dir in aller Ruhe dein eigenes Bild im Wasser an. Nach einer kurzen Zeit entdeckst du eine kleine Brücke, die über den Bach führt. Der Weg den du jetzt gehst, wird langsam steiler und steiniger, bis du zu dem Eingang einer Höhle kommst.

Du ahnst, dass hier etwas Besonders wartet und bist ein wenig aufgeregt. Dennoch betrittst du die Höhle, in der es sehr dunkel ist. Deine Augen gewöhnen sich aber sehr schnell an die Dunkelheit und du bemerkst, dass du nicht alleine in der Höhle bist.

Einige Meter vor dir, sitzt ein fremdes Wesen. Du bist dir nicht ganz sicher, ob es ein Tier, ein alter Mann oder eine Fantasiegestalt ist. Das Wesen lädt dich freundlich ein, Platz zu nehmen. Vielleicht fühlst du, dass du diesem Wesen vertrauen kannst, weil du es anscheinend länger kennst. Es lächelst dich an und fordert dich auf, ihm eine Frage zu stellen. Nicht irgendeine, sondern eine Frage, welche dich momentan am meisten beschäftigt. Und dann stellst du deine Frage und wartest. Und ganz sicher bekommst du von dem Wesen eine Antwort. Vielleicht ist es aber auch eine Geste oder das Wesen zeigt auf etwas. Aber du bekommst ganz sicher eine Antwort. Lass dir Zeit und alles auf dich wirken. Lass die Antwort kommen. Langsam wird es Zeit, wieder Abschied zu nehmen. Als du dich sehr liebevoll von dem Wesen verabschiedest, übergibt es dir etwas in deine Hand. Es ist ein Abschiedsgeschenk. Eventuell kannst du nicht gleich erkennen, was es ist und was es bedeuten soll. Aber das Geschenk hängt mit deiner Frage und der Antwort zusammen.

Etwas verwirrt, aber sehr dankbar verlässt du die Höhle. Deine Augen müssen sich zunächst an die Helligkeit gewöhnen. Du findest den Weg leicht zurück und kommst wieder an deinen Platz, an dem deine Persönlichkeitsanteile auf dich warten. Schon von Weitem haben sie dich erkannt und sind sehr froh, dass du dein Versprechen gehalten hast und wieder zurückgekommen bist. Du lässt dich nieder und nimmst deinen Rucksack. Du öffnest ihn und Einer nach dem Anderen klettern frohgelaunt in den Rucksack zurück. Du schnallst ihn wieder auf deinen Rücken und er fühlt sich plötzlich viel leichter an.

Nachdenklich aber mit einem guten und angenehmen Gefühl kommst du wieder an den Startpunkt deiner kleinen Wanderung an. Du nimmst einige tiefe Atemzüge, streckst dich, öffnest deine Augen und bist wieder hier.

Möglichkeiten

Welche Frage willst du beantwortet wissen, ohne das sich deine Persönlichkeitsanteile einmischen könnten? Finde eine Antwort auf etwas, dass Dich schon lange unbewusst beschäftigt und dominiert.

Was wäre dann?

Was wäre, wenn dir träumte in deinem Schlaf?

Und was wäre, wenn du in deinem Traum

in den Himmel kämst und dort eine seltsame,

wunderschöne Blume pflücktest?

Und was wäre, wenn du erwachtest,

und hättest diese Blume in deiner Hand?

Was wäre dann?

Autor

Jürgen Wolf war viele Jahre als Unternehmensberater in der Freizeitbranche tätig. Seit 1995 widmet er sich den Bereichen Persönlichkeitsentwicklung und Kommunikation zwischen den Zeilen. In seiner Arbeit verbindet er ganz unterschiedliche Wege aus der alternativen Psychotherapie und Spiritualität. Er hat es sich zur Aufgabe gemacht, Menschen zu unterstützen an ihre verborgenen Fähigkeiten zu gelangen um authentisch ihren Lebensweg gehen zu können.

WILLKOMMEN
IM ZAUBERWALD

Geschichten, Metaphern
und Lösungsansätze für
die Herausforderungen
des Lebens

Geschichten, Metaphern und Fabeln sind faszinierend, abenteuerlich und lehrreich. Es gerät immer jemand in eine spannende Situation, die er auf irgendeine Art bewältigt und löst, oder in denen er versagt. Während der Leser die Geschichte liest, überprüft das Unterbewusstsein alle Informationen auf Ähnlichkeiten mit eigenen Erfahrungen und geben ihnen einen individuellen Sinn. Ein besinnliches, heiteres und spannende Buch zur Unterhaltung und Lösungsfindungen.

ISBN: 978-390-724-6108

HANDBUCH FÜR
KRAFTORTE

Möglichkeiten
Dir selbst zu begegnen

Kraftorte werden auf Grund ihrer speziellen Energien und
Ausstrahlung von vielen Menschen besucht. Wenn man
dort länger verweilt, besteht die Möglichkeit mit vielen
Übungen und Ritualen, ob für sich allein oder in der
Gruppe, sich selbst (neu) zu begegnen.

Mit über 800 Kraftorten in Deutschland

ISBN: 978-390-687-3848

LEBE DEIN
WAHRES ICH

Wie persönliche
Veränderung wirklich gelingt

Im Einklang mit sich selbst und der Umwelt zu sein, ist die größte Sehnsucht der Menschen. Vielleicht spürst Du, dass in Dir noch viele unerforschte Geheimnisse darauf warten, entdeckt zu werden.

Ein Buch mit vielen Übungen, Metaphern, Tests und Motivationen.

ISBN: 978-390-724-6115

DREHBUCH
DEINES LEBENS

Welche Rolle wurde
Dir zugewiesen?

Im „Drehbuch Deines Lebens" ist man selbst Verfasser seiner Geschichte. Schon früh haben wir begonnen, unser Skript selbst zu schreiben. Im Lauf des Lebens wurde die eigene Geschichte geglättet und ein paar Einzelheiten eingefügt. Als Erwachsener bekam das Drehbuch große Realitätsnähe. Wie alle Geschichten hat es einen Angang, eine Mitte und ein Ende. Sie kann komisch, spannend oder tragisch sein. Heute sind einem die Anfänge der eigenen Geschichte nicht mehr bewusst in Erinnerung. Ich zeige in dem Buch Möglichkeiten, sein eigenes Drehbuch zu erkennen und wenn man es möchte, neu auszurichten.

ISBN: 978-390-724-6399

WARUM VERSTEHST DU MICH NICHT?

Kommunikation zwischen den Zeilen

Was tun, wenn Gesagtes missverstanden wird, wenn der eigentliche Gedanke vom anderen völlig falsch interpretiert wird? So kann man miteinander kommunizieren, sollte man aber nicht. Kennen Sie Situationen, in denen Sie am liebsten jemand gegen das Schienbein treten würden, weil sie zwar mit jemanden reden, er/sie Ihre Bedürfnisse jedoch nicht versteht und Sie damit zu Weißglut bringt? Wichtig ist die Fähigkeit, die Art der Kommunikation bei anderen zu erkennen und sie bewusst einzusetzen, sowohl im beruflichen, wie auch in privaten Beziehungen.

DIE

FRANKLIN-METHODE

So führst Du ein Leben
dass zu Dir passt

Benjamin Franklin war ein nordamerikanischer Staatsmann und lebte von 1706 – 1790. Er war einer der Gründerväter der Vereinigten Staaten von Amerika. Um seine persönlichen Schwachstellen anzugehen, stellte er sich dreizehn Lebensregeln auf, die er als wichtig sah und befolgte. So konnte er binnen dreizehn Wochen seine Liste durchgehen und sie viermal im Jahr befolgen. Diese Strategie und Methode lässt sich besonders in der heutigen Zeit integrieren. Sie bietet die Möglichkeit, sich ständig zu verbessern, um seine eigene Authentizität leben zu können.

ISBN: 978-375-199-4538

„Erwarte nur das Beste für Dich"

- Jürgen Wolf -

www.juergen-wolf.org